我想把这人生活个通透

毛嘉农 —— 著

社会科学文献出版社
SOCIAL SCIENCES ACADEMIC PRESS (CHINA)

2024年元旦，母亲在泰康燕园度过了她的92岁生日。母亲去世后，为我母亲进行安宁疗护的宋安主任团队成员在这张照片上签下了他们的名字

1959年，我的父亲和母亲在北京喜结连理

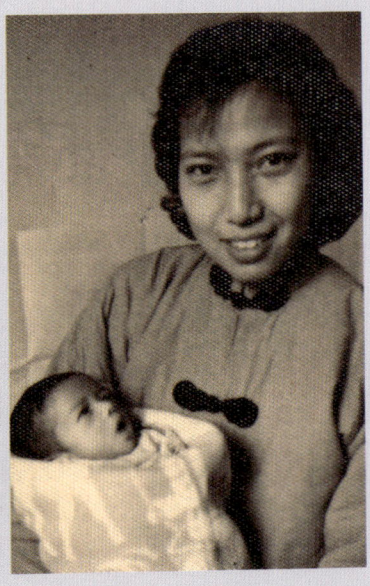

1963年我在北京出生，父亲和母亲分别抱着襁褓中的我

1967年，父亲下放劳动前夕的全家合影

1976年,毛主席逝世,下放回京的父亲与母亲臂戴黑纱在北京饭店大楼前留影

小学时的我努力争当"三好学生",就为了到中关村的二姨家吃她做的冬瓜榨菜丸子汤

2025年3月,写完这本书,我又路过原小报房胡同的旧居原址。十岁那年在自家院子里种下的桑树,如今还在原地——六十岁的人,抚着五十岁的树,别有一番感慨在心头。

2019年5月,成功登顶珠穆朗玛峰,我拿出随身携带的全家福。
一人登顶,全家光荣

1980年我考入第二军医大学,自豪地穿上军装,和全班同学合影

中国人民解放军第二军医大学药学系

1984年7月,第二军医大学药学系一九八〇级毕业留影,我在第三排右二

1984年我毕业后留校任教，在药剂教研室做实验

1991年，在北京市医药保健品进出口公司西药部工作的我参加广交会

1993年春天，我在苦闷中等待着单位调动的放行通知。
命运掌握在别人手中的日子真是难熬，我每天眼巴巴地守着这台电话机

1994年12月，我还是中化的"临时工"，
一心只想努力工作，证明自己的价值。左二是我的领导陈佩英

1993年,为了迎接即将出生的女儿,
我和孩子她妈"接私活儿",熬夜挣钱买了这台松下家用摄像机

女儿出生，我们借住的是破旧局促的筒子楼。
忙着做家务时，我们就把女儿放到旁边的洗衣机里

1996年11月，我在古巴出差，和古巴医药公司的领导们聚餐。大家开怀畅饮，气氛欢快

1999年10月，我终于住进了在中化分到的六十平方米的房子，还给女儿买了钢琴

2001年国庆假期，我在北京房山十渡风景区体验蹦极，
挑战自幼就有的恐高症

2003年11月，我调任王府井大饭店常务副总经理。到岗第一天，也是王府井大饭店重新装修后开业的首日，饭店高管团队合影留念

2004年夏，国家女子垒球队来到北京怡生园酒店拓展训练基地。当年我在这里与"人众人"公司合作建立"拓展号古战船"，在度假酒店业内闯出了一片新天地

2006年12月,中化国际首次发行分离交易可转债,开中国上市公司发行无担保公司债券的先河。时任中化国际董秘的我,与董事长罗东江(右二)、独立董事王巍(右一)等人在敲钟现场

2015年6月,华拓医药成立15周年庆典,我和毛杰董事长沉浸在成功的喜悦中

2009年，82岁的父亲在北京植物园游玩，笑得像个孩童

2015年10月，父母在北京十三陵景区的蟒山森林公园。二老神采奕奕，在他们脸上，还能依稀看出年轻时的模样

2018年5月，女儿以全优成绩从美国哥伦比亚大学研究生毕业，她还是当届唯一一位亚裔优秀毕业生。我这个做爸爸的别提多骄傲了

2016年7月,我想去看看"乞力马扎罗的雪",就此开启了"7+2"极限探险之旅

2017年2月,我和包子教练(包一飞)在四姑娘山训练

2019年2月，为了克服恐高症，我在练习射箭

2017 年 5 月，挑战欧洲之巅厄尔布鲁士峰的征途中。
茫茫天地间，我懂得了敬畏自然

2017 年 10 月，孙斌教练帮助我克服恐高症，登顶大洋洲之巅查亚峰，我们展开一面五星红旗

2017年12月，五星红旗再次引领我登顶南极洲之巅文森峰

2017年12月，我徒步抵达南极点，用手机拍下南极点标志球上映出的自己

2018年1月，南美洲之巅阿空加瓜峰，我拼尽体能走完登顶前的最后几步

2018年4月，我徒步抵达北极点

在珠穆朗玛峰登顶后下撤途中，救了我一命的应急装备，是这件氧气面罩。
平安返程后，我把它珍藏在家中，铭记"置之死地而后生"

2023年6月，六十岁的我再次踏上征途，挑战北美之巅麦金利峰。
我们团队卸下装备，安营扎寨

在攀登麦金利峰途中的我。风雪交加，前路未知

2024年夏天，我在北京密云的航校学会了开飞机，圆了"飞天梦"

致我的父母：

你们含辛茹苦养育了我，启迪了我对人生尊严和质量的思考。

致我的师长：

你们在我职业生涯价值观启蒙阶段以及陷入困境的低谷时刻，给予雪中送炭的帮助，启迪了我对社会感恩的认知，也推动我用行动回馈他人。

致我的孩子：

你在我生命低谷时给予我奋斗和坚持的力量，启迪了我身为父亲的责任和担当。

目 录

第一章　这一生，值得好好过　　1
　　母亲说：我想早点儿走　　3
　　没有尊严的牢笼　　6
　　一个圆满的人生句号　　8
　　你让我多疼了七个月　　10
　　最好的告别，来得早了些　　11
　　母亲感谢每个人的付出　　14
　　真实的安宁疗护是怎样的　　15
　　两代人心有所感　　18
　　生命的价值可以衡量吗　　20
　　最后一次看你最美的样子　　23
　　知己知彼，代价几何　　25
　　人这一辈子，到底是怎么一回事呢　　28

第二章　少年看老，懂得人间的苦与美　　33
　　内心的愤懑有谁知　　35
　　我的梦想是"鸡蛋自由"　　38
　　所幸少年遇见美　　41
　　上海女人的精明　　44
　　五十年前，那个种树的小男孩　　47

我把全家都带上珠峰 49
父亲出钱，让我去"老莫"请客 51

第三章 部队给了我面对磨砺的底气 55
上大学前，惊险的体检 57
接受命运的安排，也许就是最好的安排 58
鸡蛋自由了，肉包子也管够 61
留校任助教，我的"药剂美学" 65
八年熔炉炼成钢，一朝转业回地方 68

第四章 人生就像辞职信，有时没有退路 73
医保公司来了个年轻人 75
别人喝酒我喝醋 81
为一套房子折腰 84
最难熬时，拎着酒瓶上香山 89
恩人雪中送炭 92

第五章 从临时工到高管，我依然相信天道酬勤 95
半张A4纸，临时工起步 97
没日没夜干私活儿 99
干最多的活儿，挑最重的担 100
当君子碰上流氓 103
远赴古巴，从谈判桌到餐桌 106
老科长说，管理是一门艺术 110
顺风顺水，我却写了辞职信 112

第六章 职场生存术：从"空降兵"到"救火队长" 123

做投资，我是付过学费的 125
现代战略咨询入华，我第一批受训 128
我是学药的，却要去管酒店 131
"空降兵"遇到下马威 133
我在度假酒店搞起了"体验经济" 136
突如其来的硬仗：迎战"非典" 139
在后厨，他大发雷霆 141
创可贴的秘密 143
人的问题，就是"一把手负责" 144
国际化的品牌管理怎么做 147
谁会遗弃自己的孩子 150
一边勉励，一边敲打 152
"救火队长"又有新任务 154

第七章 资本市场不相信眼泪 157

上任董秘，措手不及 159
改革排头兵，只许成，不许败 163
哪有花钱请人挑毛病的 167
金牌董秘的含金量 170
是高光时刻，也高处不胜寒 173
压垮我的最后一根稻草 176
懂办公室政治，但不热衷权谋 183

第八章　事业成功了，可说好的幸福呢　187
　　这封辞职信，是当真的　189
　　面对重大抉择，我用一张纸排利弊　192
　　太阳底下，没有新鲜的坑　198
　　一转身，我的家没了　203
　　两颗行星，渐行渐远　205
　　婚姻是一道复杂的化学题　208
　　幸福生活的四个维度　211

第九章　一步之遥，我差点儿成为"尸体路标"　217
　　想起那乞力马扎罗的雪　219
　　你认为自己的命值多少钱　222
　　用斗鸡眼克服恐高症　225
　　风险决策不是零和游戏　228
　　生于自然，敬畏自然　233
　　我们这帮人，花钱买罪受　240
　　在与世隔绝之地袒露内心　245
　　真正的"鬼门关"之旅　247
　　渺小的我，坚强的我　259
　　从珠峰下来，我瘦了十三公斤　261

尾　声　263
附　录　两封家书　279
后　记　290

第一章
这一生,值得好好过

母亲说：我想早点儿走

2024年1月底，母亲的生命临近终点，我为她申请、实施了"安宁疗护"。

母亲是乳腺癌晚期。此前半年多，我在她身边陪伴照顾的日子比较多。没有细算，只是一种感觉：也许在我成年离家之后，和母亲在一起相处的时间加起来，都没有最后这半年多。

在这半年里，母亲说得最多的一个字，就是"疼"；说得最多的一句话，就是"我想早点儿走"。

癌症晚期的剧痛，没有经历过的人很难想象，但"疼痛难忍"是一种常识。癌细胞在人体内肆无忌惮地四处游走，吞噬正常的细胞、器官，你熟悉的身体渐渐不再属于自己，人就像被无数只看不见的小野兽撕咬。我是学医药出身，也和几家大医院的主治医生有过多次深入探讨，母亲已是92岁高龄，并且疼痛将持续加剧的情况下，除了努力减轻老人的痛苦，现代医学已经几乎不能再做什么了。

早在20年前，母亲就已经患过癌症了：72岁那年，母亲便血，后来确诊结肠癌，动手术切除了25厘米结肠。那时候我耍了个小心眼儿，做了个假的病历本，骗她说只是结肠息肉，切掉就没事了。然后我说：你太瘦了不行，得补充营养。母亲听我的话，该吃吃，该喝喝，没做放化疗，最大限度避免了对身体的损害。因为老人对癌症有天然的恐惧心理，并且我知道放化疗其实对老年人的免疫系统有加速破坏的副作用。过了几年再检查，发现又有癌变可能的息肉，我们继续用肠镜切除。

很多癌症病人，其实是被自己吓死的，感觉确诊癌症就像被判了死刑，整天惶恐地等待死刑执行的日子。我母亲从72岁到92岁，她回避了癌症，癌症也暂时忘记了她。

但这次不行了。疼，真的疼，没日没夜、无休无止地疼。我给母亲做了她平常喜欢但舍不得多吃的熘鱼片、酱猪蹄、红烧对虾，她疼到吃不下，能吃下的只有止痛药。她吃药比吃饭还多，只要医院能开出处方的止痛药，就得轮番按时服用。我了解药物，这样吃法，对肝脏和肾脏的损伤非常大。没办法，由于长期服用，各类口服止痛药，慢慢地已经不能止住癌症晚期加剧的疼痛，剩下只有使用注射止痛药进行缓解了。

所以我送母亲去医院，主要是为了打针。吗啡、杜冷丁，这类毒麻限制性药品在家里不能获得使用，在医院也受到剂量的限制。住院的时候，晚上疼得睡不着，母亲就跟医生说，多开点安眠药吧。医生也好心，觉得母亲可怜，有时候在规定允许的范围内，多给她一粒药。我也是后来才知道,母亲偷偷把安眠药存起来,慢慢累积,最后她居然存下来完整的一瓶安眠药。

现在回想起来,有段时间她会不经意跟我念叨,说:"儿子你工作忙,又累,不用天天来看我,有空打个电话就行了。要是哪天,电话没人接了,也是正常。"

这个话的言外之意,我一听就懂。什么叫"电话没人接了"?我说,老妈你如果真要这么做的话,儿子一辈子不会原谅自己。

母亲听进去了,她不想让我背负沉重的负担,不再对我说类似的话,转而跟医生说,就是那句"我想早点儿走"。母亲对她遇到的每个医生都表示感谢,说自己活到90多岁,也活够了,不想再受痛,还说医生和家人照顾自己都很辛苦,也算仁至义尽了。

这代老人有一种普遍心理,就是怕花钱。我送母亲去医院,每次她都不太乐意,觉得一进医院就要花钱,觉得钱花在一个癌症晚期病人身上,没有意义。我一开始说儿子花得起这个钱,没用,她还是念叨。我只好又骗她,说医保都能给报销,她才同意去医院,但还是念叨,说要死就想和父亲一样死在家里,家里安心。

一般的医院也确实不好长住。按照医院的规定,住院15天左右,病人如果没有更多必须采取的治疗措施,就得办出院,隔一段时间需要的话再申请住院。在冬天,这么出来进去地折腾,老人受不了。我想找个能让母亲住久一点儿的医院，就托朋友打听，联系到了位于昌平的北京泰康燕园康复医院。

在泰康燕园，我给母亲办了养老护理，包了一个单间给她住。母亲起初一听"养老"两个字，死活不住，说又要多花钱。我跟医生、护士都说好了，继续骗她说，这个养老的费用，也是可以报销的。

没有尊严的牢笼

母亲对"养老"两个字有心理阴影，是因为她陪我父亲，住过将近三年养老院。

那是2018年，我在北京朝阳区找到了一家新开业的养老公寓，那里有国内一流的养老设施，我给父母开了一个双人间。这家养老院的收费是按床位算，每位老人一年的食宿基本费用大约是15万元。如果需要护工服务，根据老人的生活自理程度不同，经过体检和养老院的评估分级，费用还要另算。大多数情况下，一个护工是要负责照顾多位老人的，而我给父母请了一对一的专职护工。

我当时让父母去住养老院，一是考虑到这家养老院在市内繁华地段，离家近且环境好；二是我在思考，高龄的父母，生活中切实的需求是什么？我认为除了享受更好的物质条件、有专业护工照料饮食起居之外，还应该有一些生活的趣味、开阔眼界的体验。比如父母如果在家里居住，可能每天没什么新鲜事做，但养老院日常会组织各种活动，老人们可以练习书法、摄影，欣赏音乐，天气好的时候可以去户外活动。人年纪大了容易产生孤独感，所以我让父母一起去住养老院，还能拓展一些社交活动。

这些都是我这样为人子女，且到中年有了一定财富资源积累的人，很自然的回馈想法。但后来我慢慢意识到，自认为美好的想法，并不一定是父母真正想要的。而且有很多突发、意外的状况，会打乱我们预设的目标。

2020年，新冠疫情来了。

养老院在疫情防控期间采取封闭式管理，我想全国的养老院情况都差不多，专家说老人容易受到病毒感染，要特别注意防护。我们家人去探望父母的时候，都是隔着玻璃窗看看，送点儿东西就走。老人们和养老院的护工都被封闭在里面，出去的人就不允许再进来，时间长了这就产生问题：护工不够用了。我虽然请的是一对一的护工，但养老院的人手统筹调配，在特殊时期忙不过来，就满足不了我的需求，一个护工必须面对好几位老人，服务质量和应答速度肯定要下降。

有一天父亲上厕所的时候，没有护工在身边，结果他一不小心摔了一跤，把头磕破了。我得知消息就急了，90多岁的老人啊，如果骨折将是致命的！到养老院找负责人理论，养老院也叫苦，说人手实在不够，做不到24小时贴身照护。

我说我也理解，别的条件大家凑合一下，但我的要求就是下不为例，绝不能让老人再摔跤了，你们想办法，我就这一条要求，行不行？

养老院说行。

我想不到的是，不堪重负的护工采取的办法，就是当他不在我父亲身边时，为了防止父亲走动摔跤，就用绳索把我父亲绑在床上。

直到过了一段时间，我再去看望父母的时候，父亲态度非常坚决，说无论如何都不能再住这里了。

我才知道父亲被护工绑在床上这件事。

父亲是自尊心很强的人，他说我宁可回家，宁可感染病毒，也不能像犯人一样被绑起来。

我以为的高端、舒适、安全的养老院，变成了父母认定没有尊严的牢笼。

这就是理想和现实的距离。

一个圆满的人生句号

2021年的夏天，父母从养老院搬回家。过了大半年，2022年3月16日，父亲在家中去世，享年94岁。

他没有任何带来痛苦的病症，就是由于衰老，脏器衰竭，寿终正寝。

一个圆满的人生句号。

父亲走的那天早上，还跟母亲说，想吃我给买的肉松饼。母亲就让他吃了一块，吃完喝口水，结果不小心呛了一下，就不行了。

那天我在上海。姐姐打电话叫来了救护车，急救医生一看老爷子这个状态，已经没有呼吸了。我姐在现场给我打过来视频电话，我在视频里和医生沟通，医生就说，如果做心肺复苏可以试一下，但老人的身子骨不一定扛得住。搞不好把肋骨压折了，人也不一定能救回来，所以这时候就要看家属的意见。

我考虑了片刻，就说不希望父亲临终还有痛苦，就不强求了吧。

放弃做心肺复苏，五分钟后，父亲安详地走了。

父亲去世的时候我不在他身边，他从养老院搬出来到去世前的这大半年时间，家里请了一个住家保姆，另外还有我姐经常来照顾二老。但2023年下半年，母亲病重的时候，我姐也因为青光眼加白内障住院了，就轮到我全身心地照顾母亲。冥冥之中，这也是上苍安排好我对母亲最后的尽孝。

我再一次面对这道思考题：老人在生命最后的阶段，真正想要的是什么？

你让我多疼了七个月

安宁疗护,在欧美国家称作"hospice care",在我国台湾地区和东南亚一些国家叫"慈怀疗护"或者"善终服务",而我国大陆以前说的是"临终关怀",都是同一个意思。直到 2017 年,国家卫生和计划生育委员会办公厅颁布《安宁疗护实践指南(试行)》,才确定了这种做法的官方用词是"安宁疗护"。

我在网上查过安宁疗护的定义:以终末期患者和家属为中心,以多学科协作模式进行实践,为患者提供身体、心理、精神等方面的照料和人文关怀等服务,控制患者的痛苦和不适症状,提高生命质量,帮助患者舒适、安详、有尊严地离世,最终达到逝者安详、生者安宁、观者安顺的目的。

按我的理解,核心就一句话:让一个人有尊严地离开这个世界。

临终的人想要有尊严,并不容易。

十几年前,我家曾有一位患癌去世的亲人,是我母亲的妹妹,我二姨。

二姨被诊断为胰腺癌晚期,是非常痛苦的,而且很难治愈或缓解。我们夫妻都是学医药专业的,对国际上的创新药研究有较多了解,知道国外有一种干扰素,对胰腺癌显示出了很好的疗效。但这种药我们国家还没批准引进，只有在仿制申报阶段的样品。在其他治疗无显著疗效的无奈情况下，我们给二姨使用了仿制药。当时的想法还是千方百计挽救二姨的生命。

最后结果是，按照北京肿瘤医院的评估，我二姨和同期的患者相比，多活了大概七个月。

临终的时候，我二姨拉着我的手，她说小弟（我的小名），你尽了最大的努力，好意我心领了——但是，你知道吗？你让我多疼了七个月。

二姨去世后这十多年，我经常想起她最后这句话："你让我多疼了七个月。"

最好的告别，来得早了些

一个有尊严的人，应该能自主选择自己想要的生活，包括选择生命的终点：在哪里，做什么，以怎样的方式，同亲人、友人和这个世界体面道别。

但我反思自己以往的做法，以及我耳闻目睹很多人的做法，出于延长亲人生命的"好意"，家属经常没有给病重的亲人这个自主选择的权利。

这当然有很多现实因素的制约。我国法律是没有"安乐死"相关规定的，而且通常所说的安乐死和安宁疗护，也是两个迥异的概念。如果用通俗但不准确的说法，安乐死相当于"主动求死"，而安宁疗护是"顺其自然"。

我们中国的文化，也比较忌讳谈论死亡。但是当我照顾被疼痛折磨的母亲，再次面对这道终极难题的时候，我决心认真做功课。

泰康燕园有安宁疗护中心，主任叫宋安，一个高大、和蔼的中年男人。从这名字就可以想象，他的工作，就是送别老人安详离世。

我向宋安主任请教，他推荐给我一本书——《最好的告别》。作者是个美国人，哈佛医学院的教授阿图·葛文德。

> 八大基本的生活自理能力：如厕、进食、穿衣、洗浴、整容、下床、离开座椅、行走。
>
> 八大安全的独自生活能力：自行购物、做饭、清理房间、洗衣服、服药、打电话、独自旅行、处理财务。
>
> 生活是一种技能。老年的平静和智慧是在时间历练中实现的。
>
> 年迈的人生活中最好的事情，就是能自己上厕所。
>
> 一旦失去了身体的独立性，有价值的生活和自由就根本不可能了。
>
> 如何使用时间，可能取决于我们觉得自己还有多少时间。
>
> 无论何时身患重病或者受伤，身体或心智因此垮

掉,最重要的问题都是同样的:你怎么理解当前情况及其潜在的后果?你有哪些恐惧?哪些希望?你愿意做哪些交易?不愿意做哪些妥协?最有助于实现这一想法的行动方案是什么?姑息医疗(安宁疗护)的诞生,把这种思考带入对垂死病人的护理中。

善终服务试图提供一种死亡的新范式,那些接受的人在为我们这个时代展现一种死亡的艺术。

……

我从这本书里摘抄了很多精彩的论述,醍醐灌顶。

比如葛文德教授指出的这几个"最重要的问题",是需要医患双方,或者说家属和临终亲人之间达成共识的,那就必须对"人终有一死"的本质有清醒的认知,要真诚面对,不要自欺欺人。

对应到我母亲身上,她已经知道自己是癌症晚期,所剩的时间不多了。

她的恐惧是什么?"疼。"

她的希望是什么?"让我早点儿走。"

她愿意做哪些交易?不愿意做哪些妥协?最有助于实现这一想法的行动方案是什么?……

我知道,要和母亲以及宋安主任的团队详细推敲这些问题,需要时间。

我还了解到,泰康燕园安宁疗护中心只有五间病房,虽然每个房间不止一张床位，但走到这个阶段的老人家，通常都希望独享一个房间。也就意味着安宁疗护中心只能同时容纳五位老人入住，预约排队也需要时间。

最关键的问题是，谁都说不准母亲还有多少时间。

我陷入对时间的焦虑。没想到的是，这时间点来得比预想的更早。

母亲感谢每个人的付出

2024年1月下旬有一天，我在外面办事，接到泰康燕园的电话，说母亲状况恶化，送到急诊部抢救了。

我立刻赶回母亲身边。母亲那天心率高到170次/分钟，这样下去会心衰，所以医生赶紧给用上了强心药。第二天，母亲从昏迷中醒来，情况稍有好转，但还是浑身疼痛难忍。止痛和强心这两种药物本质上是矛盾的，止痛药已经用到了极限。母亲一清醒过来就跟我说："别让我受罪了。"

十几年前，二姨拉着我的手说："你让我多疼了七个月。"

我再次找到宋安主任，请他来看我母亲的状况，是不是可以进入安宁疗护。

对于需求安宁疗护的患者，医生需要经过非常科学、严谨的评估才能做出决策。评估的其中一个重点，是患者必须完全清醒、自主、真实地表达意愿，在这点上我母亲没问题。实际上在医生看来，母亲甚至有点儿过于清醒了——她多次当着几位医护人员和我的面说"让我早点儿走吧"，她感谢每个人对她的付出，她觉得自己的人生了无遗憾。在我的记忆中，母亲年轻时就是这样一个思路清晰、做事果断的女人。

和母亲聊完出来，宋安主任对我说，你母亲状态挺好，还没到那个时候，再观察几天吧。

这就是安宁疗护评估的另一个重点：患者必须已经到达临终时刻，所剩的时间可能是以天计，甚至以小时计了。

宋安主任说，安宁疗护的费用很高，一天就要几千块钱。

我说，钱的问题不用担心，我只关心母亲的意愿，希望可以用痛苦最少的方式离开。你看她一天也就很短的时间能放松休息，大部分时间都疼得直哆嗦，汗水浸湿了内衣。

宋安主任知道这是实情，他考虑了一会儿，说那这样的话，今天其实有位老人刚刚走了，腾出一个病房，之前排队的病人状况还不那么紧急，就安排阿姨住进去吧。

感谢宋安主任！

真实的安宁疗护是怎样的

进了安宁病房，在止疼针和镇静剂的作用下，母亲大部分时间处于疼痛相对缓解的状态，有意识，偶尔清醒一会儿，时间也很短，而且已经吃不下去东西了。安宁病房里的饮食都是根据每位患者的身体情况配制的，一般是软质流食，但母亲吃完就吐，这与使用的止痛药有关。

母亲在安宁病房里住了七天。我一直陪护在母亲身旁，进到这里才深有体会：一个人在生命的最后几天时间需要什么，亲人和医护人员应该怎样满足这种需求，安宁疗护和常规医疗救治的理念和做法，究竟有怎样的差别。

比如母亲吃不下饭这个情况，我们通常会认为，要维持患者的生命体征，就需要输入营养液。无论是葡萄糖盐水输液，还是营养液鼻饲，都是给无法正常进食的患者维持基本营养摄入的做法，并且在标准的医护流程里，这是所有人不假思索都会去做的事。但在安宁疗护阶段，我们就需要判断了：临终患者的真实意愿是什么？是否需要采取这类维持生命体征的措施？

要知道，安宁疗护是允许患者绝食，或者停止一切药物与其他治疗的。我们可能都见过躺在ICU里面全身插满管子的人，那种上刑般的痛苦状态令人恐惧，更重要的问题是"没自尊"，这也是很多人抗拒ICU的心理原因：不想以失去作为人的尊严的方式，告别这个世界。

如果说标准化的医疗照护，是为了治疗疾病、延长生命，那么安宁疗护，就是致力于消除病人的痛苦和不适，无论肉体上还是精神上，都要以被疗护对象的意愿和体验为先。换句话说，安宁疗护并非关注生命的长短，而是关心生命的质量。

我手机里保存了一段视频，是在安宁病房里，有一天母亲突然清醒过来，她再一次对我和宋安主任的团队明确表达自己的意愿："再也不要做任何抢救了。"

基于母亲的主观意愿表达和宋安主任团队的医学研判，我们后来决定，停止给母亲输营养液，就自然饮食，吃不下就不吃了。

一个人在不吃、少喝的状态下，一般能坚持五到七天——这点我深有体会。2019年5月，我登上了珠穆朗玛峰，冲刺登顶的那几天也近乎吃不下任何食物，经历了生命极限的挑战。从珠峰登顶下来后一称，我的体重掉了13公斤，体态似骨瘦如柴的难民。

在安宁病房里我还知道了，一支完整的安宁疗护团队是由哪些成员组成的。第一位当然是专业的医生，有做出诊断和用药的处方权。第二位是专业护理人员，负责执行医生的指令，对患者进行全方位的疗护。排在第三位也同样不可或缺的成员，是负责给患者进行心理疏导和安慰的，在西方国家主要是由牧师和心理医生承担这项任务；在我们国家基于不同的现实情况，则是由一些拥有心理学相关知识和技能的志愿者，甚至包括患者的亲属，来做这部分工作。

志愿者团队的专长与分工也很细致和多元，比如有心理学专业背景的，也有一些艺术专业出身的，比如音乐、美术、舞蹈等。宋安主任给我介绍过，因为临终老人的需求也很多样，志愿者会陪着老人唱歌，给老人念书和朗诵，和老人一起做做手工，甚至在病房里包饺子、织毛衣……做所有临终老人想做的事情，帮助老人们完成最后的心愿，充分享受生活。

因为这里的每个人都心知肚明：这是人生最后的驿站。

两代人心有所感

  胡阿姨您以前做什么工作的？
  财务，就是会计。
  那您很厉害呀。
  我都九十三岁了，够可以了，活够了……希望你们都健健康康的，不要过度劳累。
  谢谢胡阿姨。

这段对话里的"胡阿姨"就是我母亲，她叫胡雪媚。这是 2024 年 2 月 6 日，进入安宁疗护之前，宋安主任团队对我母亲做的最后一次病情评估。母亲很清醒，也很开心地同宋主任他们聊天，我在旁边用手机拍摄了一段视频。聊到后面，母亲也有点儿糊涂了，她把宋主任团队里的一位女医生认成了我女儿，拉着人家问东问西，可亲热了。

母亲最疼爱我女儿了，她的孙女也深爱奶奶，在奶奶生命的最后一天，孙女从机场赶回送别。

那是2024年2月11日，下午两点多，女儿给我打来电话，问奶奶情况怎么样。我知道女儿要跟她妈妈去福州看望病中的外婆，当时已经在首都机场过了安检，行李都托运了，正在候机。

我在电话里只说了一句："奶奶可能要走了。"

女儿立即说："我马上赶过来。"

我一时不知道说什么好。在安宁病房里陪护母亲这几天，我知道，可能到了将要诀别的时刻，心里茫然无措。这大过年的，孩子除夕夜已经来陪伴过奶奶，然后初二要去福州，外婆也病重，两头都是亲情。说实话，如果不是女儿打电话来问，我都没想再叫女儿过来。但一听我说奶奶不行了，女儿立刻把行李又提取出来，拖着箱子从机场出来，往昌平泰康燕园这边奔。

我在深度昏迷的母亲耳边说，凌凌（我女儿小名）要过来看你，凌凌正在来的路上。我真不知道，弥留之际的母亲能不能等到她思念的孙女赶过来见最后一面。宋安主任跟我说，老太太虽然在昏迷状态，但她有意识，听得见，在心电图上是有反映的，老太太只是不能回应。

我相信宋主任的话，也许是祖孙两代人心有所感，母亲又坚持了近三个小时，这一口气就在这儿吊着。下午四点四十左右,我女儿赶到病房,在奶奶床边陪伴。直到五点十三分,老人走了。

我抚摸着母亲留有余温的额头,不断念叨着:"儿子记住老妈的嘱咐了""老妈朝着亮的地方走,老爸在那里迎接你呢""祝您二老在天国携手如意"……我努力用自己的手温为母亲逐渐变凉的额头保温,抚慰母亲渐渐离去的灵魂,为我至爱的亲人送行……

生命的价值可以衡量吗

经历过亲人去世的人都知道,料理后事是一个相当机械化的流程。你会被一件事接一件事推着走,来不及思考,甚至来不及悲伤。2007年,我二姨去世的时候,我女儿才14岁,就跟着我们这些大人参加葬礼,一直到殡仪馆火化。火化完了之后,女儿说:"爸爸,你给我10块钱吧。"

我问:"要钱干什么用呢?"

女儿说:"二姨奶奶一辈子很节俭,我想给她烧点儿钱。"

这一次,我母亲去世,女儿又在身边,眼看着我给母亲换上寿衣,整理遗容,第二天送去殡仪馆火化。火化之后,我们目视着殡仪馆师傅捡拾母亲的骨灰。这是一项需要耐心细致的作业,要保持骨灰结构的代表性和完整性,从头盖骨开始,一点点分拣,花了挺长的时间,我的泪水几度模糊双眼。

那几天过得浑浑噩噩，每天只觉精疲力尽，心里空空荡荡。到我母亲头七那天，女儿带来一大包东西，说："爸爸，咱们要去看奶奶了。"我一看她带来的东西，是很多精致小巧的食品模型：豆沙包、青团、酒酿圆子、清蒸鲈鱼……女儿说，这些都是奶奶爱吃的，还有爷爷爱吃的肯德基鸡翅、康师傅红烧牛肉面，还有小粽子……我看着女儿一样样拿出这些祭祀用的"食品"，眼泪又止不住流下来，泪水饱含着对父母的思念，以及对女儿成熟和富有爱心的欣慰。

人生一世，给后代留下些什么？人们都说财富、名誉这些都是身外之物，生不带来，死不带去。当真的经过生离死别，我越来越有深切的认知：一个人活着的时候说过什么，做过什么，对身边的孩子，就是实实在在的影响，就是言传身教。虽然我们平时不太会在意这些小细节，但生命消逝之后，也只有这些生活点滴能在亲人身上留存。

生命的价值，是可以衡量的吗？母亲离去之后，我又花了很久的时间，慢慢整理老人的遗物，一边收拾一边思考这个问题。在父母生前住过的房子里，很多东西，我们这些孩子孝敬二老的东西，都还是新的，甚至连包装都没打开过。我们总说现在生活条件好了，也该让老人享福，但物质的享受或者说更高品质的消费对我父母这代人来说，实际上意义不大。节俭生活的理念，是刻在他们骨子里的，超出日常所需的物质，他们真的不需要。所以如果按照一个人一辈子"享过多少福"来衡量生命的价值，对他们这代人也是不合适的。

那他们这一生，喜欢做什么呢？"理想"这个词或许太大，就说他们的爱好、他们的追求得以满足了吗？当我从这个角度思考生命价值时，竟然也找不到可以自圆其说的答案。我父亲还算有点爱好，比如写点小短文，他退休后那些年还经常给《北京晚报》投稿。我在父亲的房间里找到一个剪报本，他把发表在报纸上的"豆腐块"文章剪下来收藏。

母亲呢？我发现母亲几乎没有任何称得上"爱好"的事情，她的生活重心就是省吃俭用地料理家务，养育子女，她身后留下的，就是一个最典型、最传统的中国女性形象。除了母亲引以为豪的"从牙缝里积攒下来留给儿女的不菲存款和房产"，真正属于母亲自己的，只有她衣柜里、纸箱里那些仔细整理好的不舍得穿用的衣物和包装完好的生活用品。

母亲没有带走什么自己的东西，但她留下了一句话。

那是春节前，母亲已经住进了安宁疗护病房，整日昏迷。有一天她突然醒过来，看着床前的我。不知道那算不算回光返照，那一瞬间，母亲用很大的声音说："好好过。"母亲喉咙里有痰，话说得不是很清楚，但她停了一会儿，又连说了两遍："好好过。好好过。"

我有点不敢相信自己的耳朵。当时病房里还有一位安宁疗护志愿者，她也听到了，她说阿姨说的应该是"好好过"这三个字。

我说对，是好好过。我听明白了，母亲要我"好好过"。

最后一次看你最美的样子

上联"年年过年年年过",下联"年年都要好好过",横批"好好过年"。

这是2024年农历大年初三(我母亲去世第二天)宋安主任的泰康安宁疗护团队,用我母亲2024年元旦在泰康燕园康复医院度过92岁寿诞时,我们的家庭合影制作的新春卡上的寄语。照片上,母亲在有寿桃的大蛋糕前,笑成了一朵花。

我为了表达感激,给宋安主任团队送了一面锦旗,写了四句话:感恩安宁疗护,普度功德无量,敬业职业操守,树立行业典范。

在我看来,宋安主任、王文丽护士长领导的这支安宁疗护团队,包括所有参与其中的志愿者,他们的工作体现出的,是对生命本身的尊重,是对走到生命最后阶段的人,即使已经失去行动和表达能力的人,依然抱有的同理心。

尊重一个人,就是尊重一个人所有的自主的意愿。料理完母亲的后事,我对女儿也说了一句话。我说:你都看到了,爸爸这次是按照奶奶的意愿办事了。

奶奶的意愿,是"我想早点儿走",是体面地离去,有尊严地走。

我相信女儿听懂了，我的言外之意，我的言传身教，就是将来有一天，"你也要按照爸爸的意愿办事"。

我也是年过六十的人了。将来到那一天，我也不想浑身插满管子，躺在ICU里，没有任何尊严地活着。

按自己的意愿生活，按自己的意愿离世——从这个意义上说，母亲的一生虽然平凡，也可以说是圆满的。

而且母亲给我留了话："好好过。"

父亲当时走得仓促，没有遗言，但之前有一天，父亲当着我和我姐姐的面，对母亲表达过他这一生的谢意。父亲对母亲说的是：老太太啊，没有你，就没有我的今天。

我母亲是个性格要强的女人，我打小就知道，家中里外，都是母亲打理，或者也可以说，是母亲在"管理"这个家。父亲作为家庭中"被管理"的一员，肯定也有过不少怨气，他们俩一辈子也是吵吵闹闹。到了晚年，父亲对母亲却是由衷地感谢，感谢这几十年的陪伴照料。

相知相伴，相互扶持，年青到年老，黑发变白头——从这个意义上说，父母的一生，也都是圆满的。

送父亲走的时候，我印象特别深：在殡仪馆里，母亲那天竟然化了妆，化得还有点浓，粉底擦得厚厚的。乍一看上去，有点陌生，不像平日里从不化妆的母亲。

当时我跟女儿说："以前没见过奶奶化妆吧？这回送你爷爷走，奶奶也要打扮得漂漂亮亮。"

像她年轻时候一样。奶奶要给爷爷，看最美的样子。

知己知彼，代价几何

那天重返泰康燕园，去给宋安主任送锦旗的时候，我还遇到一个人——毛大庆。

毛大庆做过万科集团副总裁、万科北京公司总经理，后来创办了优客工场、共享际等新事业，是一直在折腾事情的知名企业家。我很喜欢这样有精神气的人，还知道他是马拉松爱好者。他也知道我完成过"7+2"极限挑战（攀登世界七大洲最高峰和徒步抵达南北极点）。都是户外运动爱好者，也都做过企业，我们有很多共同话题，相谈甚欢。

毛大庆现在还有一个身份：泰康安宁疗护志愿者。

宋安主任给我介绍说，毛大庆和他早就认识，也很认同安宁疗护的理念。现在毛大庆经常来泰康燕园，他经过了安宁疗护志愿者的培训，至少每月有一两天时间，会在这里从事志愿服务工作，陪护进入安宁病房的老人。

毛大庆的做法让我很敬佩。我知道，企业家支持自己认同的事业，出钱、出资源都很常见，但身体力行亲身参与，而且是做这样辛苦的工作，确实不容易。

宋安主任说，其实，你也可以的。你有亲身经历，在这里送别了自己的亲人，对我们安宁疗护的工作内容和价值，有直观的感受和理解。如果你来做志愿者，相信也更容易赢得患者和家属的认可。更重要的是，你和毛大庆一样，都有能力，也有强烈的意愿，向外界广泛传播安宁疗护的理念，推动社会进步。

我当即表态：没问题。我要做安宁疗护志愿者。

宋主任问了我另一个问题：接下来的人生，想怎么过？

我没有立刻给出回答。我需要思考，这是人生不断感悟和认知的问题。

步入花甲行列之际，回望来路，应该说，对自己在人生舞台前半段生涯的表现，我还是基本满意的：上世纪60年代出生；70年代随父母在北京成长；80年代从军校毕业，留校任教几年，然后转业地方，在地方外贸企业里开始职场历练。进入新世纪，我在央企的贸易、投资、酒店、资本市场、跨国运营等领域历练成长，同时帮助多家知名民营企业转型、重组、上市。凭借勤学、拼搏、自律，我收获了攀登事业巅峰的价值成就感，也具备了实现人生向往目标的空间。

在以"知彼要求"为核心的工作之余，我也在不断自我突破：54岁开始启动、花甲之年完成了"知己认知"的"7+2"极限探险体验历程——攀登七大洲最高峰、徒步抵达南极点和北极点。在此之前，我因双膝有伤，自小有严重的恐高症和高原反应史，曾被判定不可从事高山极限运动。可是2019年，我成功登顶珠穆朗玛峰，过程中还经历了生死危机，这种极限体验使我对"人生应该怎么过"有了更深刻的感悟。

无论事业还是生活，对我生命中经历和获得的一切，我都心怀感恩。我知道自己是幸运的一代人，是伴随着中国改革开放进程成长，融入全球化浪潮并因此获益匪浅的一代人。我们这代人，拥有比父辈好得多的物质条件、宽广得多的视野、丰富得多的人生选项，我们脚下有很多条路可以走，只要足够勤奋和坚持，每一条路走下去都能通往山巅。

但我们的精神世界，我们的阅历和对生活本身的体悟，是否也比父辈更加丰富多彩，更加刻骨铭心呢？

对此，我不敢妄下结论，容我先打上一个问号。

因为，任何事情，任何所得，都有代价。

对我来说，每一次登上高峰，我都清楚地知道，我为此付出了什么。我洒落的汗水，承受的压力，甚至命运从我身边夺走的东西，都历历在目。我为忙工作常年奔波在外，对家人照顾不周，有很多亏欠；我因为承担业绩压力也搞垮过自己的身体，曾经陷入重度抑郁，连同事们都让我不要住在高楼层……当然，种种困境不堪，我最后也都走出来了，不然不会有今天这些文字。可当我以为自己可以"功成身退"、回归家庭、乐享生活的时候，相伴30年的妻子向我提出离婚，我的家庭解体了，我也再度陷入迷惑不解：这些代价，都是不可避免的吗？

这是我给自己的人生回忆打上的又一个问号。如果按照父母那辈人的价值观，家和万事兴，家庭不睦等于一切归零。那我先前自以为成功的人生，好像又变得不值一提了。

人这一辈子，到底是怎么一回事呢

在女儿婚礼上的感言

尊敬的各位来宾，亲朋好友，感谢你们莅临！今天是我的女儿和女婿大喜的日子，作为一个父亲，坦白讲，我的心情有点儿复杂，因为想起的事太多，想说的话也太多。想来想去，不知不觉，我这一颗心里就装了六颗心。我就把这六颗心，送给女儿和女婿，向这对开启人生新篇章的新人，致以最诚挚的祝福。

第一颗心，是"开心"。孩子是天使，是父母最完美的作品。我女儿出生在福州，记得当年在产房门口，我第一次看到女儿红扑扑的小脸，湿漉漉的头发，真的感谢上天，生命的传承是如此美好。在女儿的成长过程中，她逐渐显露出很多才艺和天赋，在舞蹈、钢琴、游泳、滑冰、声乐等方面，甚至是对偶像的追逐，我们这个家庭也给予女儿充分的尊重和发挥的空间。所以，我女儿从小养成了活泼、自由、勇敢的个性。回忆女儿的成长，我这第一颗心，就是非常满足、非常享受的"开心"。

第二颗心，是"信心"。天下父母都知道，没有一个孩子长大是毫不费力、一帆风顺的，经历挫折、面对困难，一个人才能从成长走向真正的成熟。我现在都还记得，女儿刚上全托幼儿园的委屈和哀求；初中军训时在烈日下暴晒，黑瘦脱皮的脸庞；高中时参加学校音乐大赛，辛苦排练终于收获冠军的喜悦；直到飞越大洋彼岸求学发展。虽然在这个过程中，我作为父亲忙于事业，对女儿的关爱多有亏欠和无奈，但我相信，女儿已经证明了自己超群的自立能力和自强不息的奋斗精神。我有这份信心，我的女儿将收获卓越璀璨的人生。

第三颗心，是"放心"。女儿长大了，我也在一天天衰老，但我并不担心，因为我很高兴看到，女儿做出了正确的选择，那就是找到了她的爱人，我的女婿。感谢我的亲家，教育出了这样一个优秀的男子汉。他们彼此相爱，决定携手共度此生，我们做父母的就是欣慰，就是放心。

前面三颗心，说的是我这个做父亲的此时此刻的感受。接下来的三颗心，是给女儿女婿的期望和嘱托。

第四颗心，叫作"同理心"，也可以叫"将心比心"。我们都是平凡人，都有自己成长的环境和长久以来形成的观念。大到一个社会，小到一个家庭，人与人之间要做到相互理解，彼此包容，是很不容易的，甚至我们都知道磕磕绊绊在所难免，家长里短才是烟火人间。我希望女儿女婿能够记住，你们之间有真爱，就有平等对话、沟通谅解的空间。凡事换位思考，用同理心来求同存异，你们的相处就能融洽，你们的婚姻就会幸福。

第五颗心，是"责任心"。作为过来人，我知道婚姻的本质，就是承诺为对方负责任，为家庭共同的利益负责任，这是一场持续几十年的修行。你们今天结为连理，已经许下了诺言，今后就要相互扶持，共同面对人世风雨。爸爸希望女儿贤惠持家，女婿事业有成，希望你们爱情的小船，能够乘风破浪，扬帆远航。

最后，第六颗心，就是"感恩心"。在今天这个喜庆热烈的场合，我并不想教育孩子对父母感恩，因为父母对子女的爱是无私的，言传身教重在平时。我想说的是，我们每一个人的相遇、相知、相守，都是多么难得的缘分；我们每一个人立业、立德、立身，都是多少人鼎力相助、教诲提携的功劳。所以，我希望孩子们记住，当你们有所成就，当你们享受平和安乐的生活，要对所有帮助过你们、影响过你们的师长、亲友、同伴和家人，常怀感恩之心。也要尽你们的能力回馈社会，惠及他人。你们将因此赢得这个世界的尊重，你们也将因此收获喜悦和光荣。

开心、信心、放心、同理心、责任心、感恩心——这就是我送给新婚夫妇的六颗心。祝我亲爱的女儿和女婿，美满幸福，永结同心。

2024年的"五一"假期,是我女儿新婚大喜的日子。

站在喜庆圆满的婚礼现场,看着女儿女婿这对幸福的年轻人,正要翻开人生的新篇章,我突然心有所感,觉得自己这一辈子,说是经验阅历的传承也好,说是一堆问号、句号和叹号也好,似乎又有了总结归纳,甚至书写下来的必要。

其实,在女儿成家立业之际,作为父亲的我,一直在思考,怎样送一件"精神礼物"祝福他们。

通常,代际广为使用"传承"的概念,虽然时代不同了,但孩子们人生轨迹的阶段性内容都是相似的。如果他们在今后遇到与我类似的境遇和困惑,我的人生经历能给予他们一些借鉴和启发,帮助他们减少纠结痛苦和时间成本的代价,这种"精神礼物"或许更具意义。

我再次坚定了这个信念:我要写作。

作为历经军人、助教、外销员、央企事业部总经理、度假及商务酒店常务副总、上市公司董事会秘书、上市公司执行董事和常务副总、投资企业董事长、民营企业董事和CEO(首席执行官)、境内外上市公司独立董事、董事长顾问等诸多角色,拥有相应职业心态和任职技能的职业经理人,我希望能用丰富履历积累的洞察力、判断力、预见力及信服力,启发和帮助有事业心和战略格局的职业经理人去规避运营风险,在逆境中调整心态,做好前瞻性规划以及"事半功倍"地提升自我职业能力和价值。

在完成"7+2"极限探险,特别是2019年成功登顶世界之巅珠穆朗玛峰并经历生死考验后，我有了感悟人生、认知自我、热爱生活、传递正能量等诸多维度的人生体验。我努力做到对孩子言传身教，启迪后代树立"不断突破自我"、"充满正能量"及"高品质地生活"的理念。

我希望通过写作，如实记录以往人生历程中的"惨痛代价"和"错误教训"，探索如何活出"通透的人生"。

我想要搞清楚：人这一辈子，到底是怎么一回事呢？

我想要知己、知彼，想要活得通透、敞亮。

因为母亲留给我的一句话：好好过。

那就"好好过"，就从这本书的写作开始。

第二章
少年看老，懂得人间的苦与美

内心的愤懑有谁知

我小时候，是个内心有点自卑的孩子。

自卑心理的来源，可能有两个方面：一是我祖籍上海，在北京长大。置身北京的孩子群里，我隐隐能感觉到一种无形的压力——融不到圈内、被"排外"的感觉。因此，我的表现在老师和同学们看来，是不太合群的。

我父母都来自上海。父亲是 1928 年生人，1950 年他从上海考到北京，就读外贸部（现在商务部前身）的干部学校。母亲小父亲四岁，晚了几年也来到北京。他俩在上海的时候，两家人就是住一个弄堂里的邻居。1959 年父母结婚，当时住在外贸部分配的宿舍里，1961 年生了我姐姐。1963 年，母亲在北京同仁医院生下了我。

自卑心理的产生，第二个原因就是家庭出身和父母的遭遇。在那个特殊的年代，我父亲一度被下放到河南劳动，长达八年。那八年里的大部分时间，是母亲在北京独自含辛茹苦带着姐姐和我。幼小的我并不明白父亲"犯了什么事"，只是感受到了生活的艰难和周边人异样的眼神。

父亲当年这段被下放的经历，包括母亲含辛茹苦拉扯我们姐弟俩的日子，我后来问过母亲，她都说记不大清了。很多被生活磨砺的细节，都消散在岁月的尘烟里。外贸部当时的"干校"，在河南信阳下面一个叫息县的地方。我7岁那年，父亲在那里种地、养鸡。等八年之后，父亲平反恢复名誉，我已经即将上高中了。

当时一个家庭里，只要有一个人下放，所有的亲戚朋友都躲得远远的。人情冷暖，在这种落难的时候看得最清楚。后来不时听母亲提及，那段经历太苦了。父亲下放劳动也很苦，回来之后总觉得亏欠母亲，家里事事都顺着她，也不许我和我姐惹母亲生气。人说上海男人怕老婆，其实不是这么回事。我知道，父亲是体谅母亲当年独自抚养两个孩子孤独无援的难处。

我外婆比较重男轻女，我又是外婆的长外孙，所以我出生后，是外婆从上海来北京带我。外婆年轻时先生过一个男孩，不幸夭折了，接下来连生了五个女孩。从这五个女孩的名字上就能看出老辈人的传统观念：大女儿是我母亲，叫雪媚；二女儿叫复媚；三女儿亦媚；四女儿再媚；最后第五个还是女儿，取名齐媚，表示到此为止，不生了。

到我3岁的时候，二姨家生了个女儿，因二姨夫那时被调到银川工作，外婆就又去帮着二姨照看孩子。母亲当时身体不好，外婆一走，她一个人忙不过来，三姨就把我带到上海，带了一段时间。

对我的籍贯所在地上海，我其实并没有太多好的印象，这也是由于复杂的家庭关系：我爷爷家在武康路有幢老房子，爷爷去世之后，几个孩子争房，这也是后来导致我父亲被下放的原因——父亲在家排行第三，他上边有大姐和二哥，下边还有个弟弟。"文革"期间，父亲二哥的媳妇到北京来，拿着一张照片，到外贸部举报了我父亲——这张照片上是青少年时代在上海读书的父亲，身穿一套不知从哪儿弄来的国民党军服。

父亲的二哥二嫂觊觎爷爷留下的老房子，这张照片大概也是从老房子里翻出来的。说实话，现在人都能理解，无非是男孩觉得好玩，穿一身旧军服照张相而已。在那个阶级斗争如火如荼的年代，这张小小的照片就成了大问题，而且，还是由当事人的家人主动揭发出来，更是非同小可。当时父亲被举报以后，单位里来人调查，因为都是实名举报，父亲立刻就知道是二嫂举报了自己。

我长大懂事之后，觉得这种事情简直不可理喻：亲人怎么能为了某种利益，把自己的家庭成员置于危难中呢？把钱看得比亲情还重，这种价值观我非常痛恶。

父亲当时内心的愤懑，我是可以想象的，但从我长大后的记忆里，却想不起父亲因为当年受的这些冤屈和不公在家里抱怨过什么。我想应该是单位给他平反恢复名誉之后，生活安定下来，他就慢慢把这些事在心里放下了。

父亲能得享高寿，大概也是因为他"真善美"的价值观得以实现吧。

我的梦想是"鸡蛋自由"

我上小学之前，应该是五六岁的时候，母亲当时在北京光华木材厂的澡堂子看门。她看的是女澡堂，我是个男孩子进不去，母亲就把我放到澡堂子门口的一个小棚子里，给我弄点吃的。那是一个冬天，棚子里四面透风，冷得很。我还有模糊的记忆，澡堂子出来进去的很多女工，看见我冻得直流鼻涕，都会随口说两句"谁家的小孩啊""真可怜"。

小时候家里买什么东西都要凭本凭票，比如副食本、粮票、布票等等。我印象最深的是，我们家当时一个月凭副食本能买两斤鸡蛋。我最开心的就是提着网兜去买鸡蛋。有一次在买了鸡蛋回家的路上蹦蹦跳跳，一不小心绊了个跟头，鸡蛋全打碎了。我找了张报纸，把碎了的鸡蛋从地上胡噜包起来捧回家，结果自然是挨了我妈一顿臭打——那是全家人一个月全部的鸡蛋啊。

等我爸回家，一看这个情况，什么话也没说，默默地将一大碗碎鸡蛋端到灯下。他那戴着厚厚近视眼镜的头几乎快伸到碗里了，用筷子仔细地把碎鸡蛋壳、炉灰渣、小石子、浮土等杂物挑出，最后把这些碎蛋液全部用油盐炒熟，盛出一小碗，当晚给我和姐姐吃。

尽管鸡蛋很"牙碜"——老爸眼神不好，没将碎石子挑干净——但我还是含着委屈的泪水仔细品嚼,心里一直想着:等我长大后,一定要将美味的鸡蛋吃个够!

普通的鸡蛋,成了我至今最爱吃的食物。我在家做饭的时候,不管是做蛋炒饭还是西红柿炒鸡蛋,一顿至少要放六个鸡蛋,导致我女儿说:"爸爸你做的蛋炒饭怎么全是鸡蛋?"我说:"这样吃鸡蛋才过瘾呐。""鸡蛋自由"是我小时候的第一个梦想,如今终于实现了。

我幼年在上海寄住了一段时间,当我回到北京上小学的时候,口音中带有点儿沪语腔。那年代区域交流不很便捷,导致地域文化差异明显。上海人觉得外地人都是乡下人,土里土气,北京人则给上海人都贴上小气、精于算计的标签。我外婆就教育我说,到学校要夹着尾巴做人,不要出风头。

但我又是个生性调皮的男孩子,一面是内心有着家庭出身带来的自卑感,一面又很渴望融入北京这帮同学的圈子。我的整个青少年时代,主要在东城区生活,就像姜文导演的电影《阳光灿烂的日子》里那帮小子那样,整天撒野疯玩。那部电影就类似我们孩提时代的缩影。

我上的那个小学当时叫胜利小学,在崇文门路口的东北角,是座六层砖结构的红色楼房。这楼西侧有个户外楼梯,我上学时候每次走楼梯都很害怕,不敢靠近栏杆那边,不敢往下看。有一次我趴在教室窗台边,突然被同学推了一下后背,竟吓出了尿。

小时候我就极度恐高。

那年代我们这群孩子放学后，总在北京站、崇文门一带疯玩儿。夏天扒火车去检修场抓蛐蛐，到东单公园粘知了和蜻蜓；秋天找杨树叶"拔老根儿"，拿弹弓打长安街大杨树上的乌鸦；冬天用包有煤核儿（没烧干净的煤球渣）的雪球打雪仗，在北京站广场分拨儿打"鞭炮仗"。

我本来读的那个小学叫胜利小学，后来被合班去过苏州小学、东风小学。初中分片划到了北京市一二六中学，毗邻北京站和皇城墙。直到高中，考上了东城区重点——东直门中学，我的生活轨迹才算往城北挪了一点儿。

"文革"年代的一群半大小子，打架是真敢动手的，手底下也没个轻重。有次我搞到一顶"海灰"（那年代海军军帽的俗称），转头让人给抢了，气得我找了一个自行车弹簧锁，没头没脑抢着抢回我的军帽。男孩子要是一点儿都不皮，也就少了男孩儿味。但挨过打才知道疼，犯过傻才能学聪明，这也是每个人成长过程要经历的阶段。

我爸和我妈在教育我的理念上，是基本一致的：调皮捣蛋可以，但不能犯罪出圈，另外特别要求就是学习必须用功。当年学校每次开家长会，老师把班上男孩子的情况一数落，打架最狠、闯祸最大的没有我，但捣蛋的"团伙"要是出了事，里头肯定有我——我一般充当的是出点鬼主意的"军师"。还有好几次学校把我爸妈叫去，说的都是考试"零蛋"的问题——不是我考试就该得零蛋，我一直谨记爸妈教诲，学习是不敢不用功的。考试的时候我写完卷子就给小哥们儿们去抄，结果被老师查出来，几个人的答案一模一样，抄我卷子的同学和我本人就统统零蛋。

我爸从学校开完家长会回来，又好气又好笑，就说你小子还行，虽然是个零蛋，好歹是你给别人抄，不是你抄别人的。这意思就是网开一面，虽然违反纪律该罚，但学习成绩倒是没给他丢脸。有一次我妈也说，本来想揍我的，就因为老师批评完我在学校里跟那帮小子胡闹后又说一句"但是，这帮孩子里学习最好的就是毛嘉农"。因为这句话，我妈说"那就不揍你"。

想起少年时代，最终能融入"哥们儿圈子"，精力旺盛、自由自在地疯玩的情景，我总会情不自禁地笑。

所幸少年遇见美

小学时候教我们语文的老师，叫严淑静——之所以我现在都还记得严老师的名字，是因为她在幼小的我的心田中，播下了一颗"美"的种子。遇见这样一位老师，像厚厚的云层间突然洒落几道灿烂阳光，让你在懵懂的年代里突然意识到，这世上不光有严肃的管教、艰苦的生活和对丰沛物质的向往，还有一种无形的东西叫"美"。

在我记忆里定格的那个课堂上，年轻、秀美的严老师梳着两条短辫，穿一身当时很常见的中式翻领蓝布衣服，手里拿着一本名叫《蛇岛的故事》的课外读物，在教室里轻轻地踱着步，用柔美的嗓音读着这本书。故事讲的是一个小岛上有很多很多蛇，所以叫蛇岛，这些蛇的习性是怎样的，蛇岛上的景色又如何……

天呐，课外读物，蛇岛，蓝天，大海，飞鸟，蛇在捕食时的身形动作……我瞬间就入迷了。今天想来，也许是很平常的一堂课，也许是很普通的一本书，可那是上个世纪70年代啊。我们当时可很少能见到"以政治思想教育主导统编教材"以外的课外读物，更无从想象一个远离陆地，全是野生动物和碧海、蓝天的海岛景象。在我的人生中，如果说对美好想象力的启蒙，如果说初次体会到什么叫"人美、音美、优雅美、文学美、景色美"，那就是在这堂普通而又短暂的小学语文课上，在严老师为同学们读课外书的这十几分钟里。

我考上大学之后，有一年放假回北京，还专门去看望过严淑静老师。她同中国科学院的一位科研人员结婚了，住在海淀黄庄那边的一幢筒子楼里，当时好像生过孩子不久，还有点胖胖的，已经不是我小学记忆中的样子。我穿了一身军装去的，严老师还是一眼认出了我："你叫毛嘉农。"我说："对，严老师您是我小学时候觉得最美的一位老师，我小学读的书基本都忘了，就还记得您读给我们听的《蛇岛的故事》。"

如果说严老师的启蒙让我感知到了人文之美，那么还有音乐，也在某些瞬间击中过我，让我觉得心旷神怡，回味无穷。别的不说，就一部老电影《上甘岭》我看过十几遍，郭兰英唱的那首《我的祖国》，"一条大河波浪宽——"，我是百听不厌。因为那年代主流的歌曲都是铿锵有力的节奏，偶尔听到一曲悠扬婉转的，心弦就被柔美地拨动了。

我还记得小学时每到冬天，教室里要生煤球炉子，学生们是轮流值日的。我为了争当"三好学生"，经常主动向老师提出，早晨提前到教室来生炉子。就因为起得早，到学校的时候，还能听到大喇叭里为每天的集体早操测试的声音。或许那时学生和老师们大多还没到校，总能听到《铁道游击队》《卖花姑娘》《珊瑚颂》《渔光曲》《二月里来》等带有民歌风情的、柔美的歌曲。我听着这样的音乐生炉子，看着炉膛浓烟里不时蹿出的火苗，逐渐将煤球点燃，将炉壁烤红，心里也随之暖洋洋的。

记得小学课本里读过吴伯箫写的《歌声》，文中有段话："感人的歌声留给人的记忆是长远的。无论哪一首激动人心的歌，最初在哪里听过，那里的情景就会深深地留在记忆里。环境、天气、人物、色彩，甚至连听歌时的感触，都会烙印在记忆的深处，像在记忆里摄下了声音的影片一样。"正是少年时听到的那些记忆深刻的乐曲，启迪了我的音乐审美。

那时为什么要努力争当"三好学生"呢？除了学校的宣导，主要是我还有自家的"特殊福利"。我二姨家当时住在位于中关村的中国科学院宿舍，去二姨家要乘111路无轨电车，从崇文门坐到动物园终点站，再换乘去颐和园方向的332路，到海淀黄庄站下车。每逢暑假我就喜欢往二姨家跑，因为二姨会带我去中科院微生物研究所的实验室，看我非常感兴趣的各种微生物实验品——这也是对我日后大学选择医药专业的一种启蒙熏陶。但最吸引我的，是二姨会做我爱吃的冬瓜榨菜丸子汤——这可是能吃到肉丸子的机会啊。二姨见我这么馋，就说你想吃到冬瓜榨菜丸子汤可以，前提是要么考试得一百分，要么评上"三好学生"。

对我来说，回回考一百分可不容易，相比之下，只要热爱劳动，遵守纪律，再加上我本身也算用功读书，评上"三好学生"还是大有希望的。所以我才这么积极去学校生炉子，还有值日和大扫除也都抢着干活，为的就是能理直气壮地和老妈提出去二姨家吃冬瓜榨菜丸子汤。当然，学习上我也非常努力，基本上从小学到中学，我的成绩在班上总能名列前茅。

上海女人的精明

父亲在河南下放期间，母亲的工资从每月38元慢慢涨到49元。这些收入至少一半要寄回上海赡养我的爷爷奶奶，以及支持父亲在哈尔滨读大学的弟弟。剩下一半工资，也就每月20块钱左右,是母亲和两个孩子的生活费。母亲一生节俭,从不乱花钱,甚至后来物质生活非常富裕了,母亲依然习惯过着艰苦年代的日子,节俭至极——我长大之后是很理解的。尽管我并不赞同这种"极致的"节俭做法,但骨子里已被烙上对"浪费"的厌恶。

但理解不代表完全赞同,父母这辈人经历过真正的穷日子,他们的节俭就是时代的印记。

母亲传承了上海女人的精明,加上艰苦年代养成的极度节俭、精打细算的习惯,对家中大小事务有比较强的控制欲。比如我们家的财政大权一直都是我妈掌握的,我爸工资全部上交,连零花钱都没有,花钱就得问她要。多年以后我在上海工作,就有些下属跟我半开玩笑地申请,说"毛总,能不能别把工资全发到工资卡里,给我们留点儿烟钱"——因为他们工资卡全给老婆了。上海男人也很爱面子,但这个面子掌握在上海女人手里。

我在东直门中学上高中时是可以住校的,但要给学校另交住校的生活费,就当时我家的经济条件来说,这又是一笔额外的负担。我很想住校,但没敢向母亲提,直到有一次上学骑车,胳膊不小心摔脱了臼,才试探着告知母亲"学校可以申请住宿"。我就怕她说家里条件困难,不让我住校。没想到我妈很痛快,拿钱给我,叮嘱道:"省着点儿,好好学习,争口气。"

回想起来我很感动,而且理解了母亲对我的期望:她只要我好好学习，花钱她不计较。母亲的节俭并不是抠门，但我小的时候是理解不到这个层面的。我从小穿的很多衣服都是花的，因为是我姐穿剩下的，有时候破洞了，母亲就给打个补丁，或者看裤子短了，找块布给接上一截。我一个男孩子穿花衣服，常被同龄的孩子取笑，这也让我变得更加自卑、不合群。

父亲的性格则是谨小慎微，因为经历了下放，在我看来，父亲甚至都有点过分"怕事"了。他的习惯就是埋头工作，跟谁也不去争抢什么待遇啊地位啊。后来他平反了，要按参加工作的资历，早该提拔，但他好像也不太在乎这些事，每天下了班就回家，从来不在外边应酬。我爸对我的教育，就是做人要踏实、本分，别去搞那些投机取巧的事情。

父亲的为人，在我看来是积累了很多福报。我父亲的二嫂当年举报过他，后来过了许多年，他二哥病重，父亲不光拿出自己攒的工资给二哥治病，还到处想法子借钱。母亲气得数落他窝囊，父亲就说，再怎么样，也是一家人。母亲叹气，还是照办了。他们这代人，大家庭的传统观念是都认同的。

我父母的身体素质都不好。我爸在下放河南的时候患上肺结核病，做手术切掉了四分之一的肺叶，我母亲年轻时就患有风湿性心脏病，但他俩居然都活到了 90 多岁。有科学研究表明，人要想长寿，保持心情平和舒畅是非常重要的一个基础因素。父母历经岁月磨难，对人世间的名利得失看得比较通透，那些委屈辛酸的往事，已经逐渐被平和的心态消融了。

五十年前，那个种树的小男孩

父亲一直在外贸系统工作，1988年退休之后，又在系统内的一个企业管理协会当了好几年秘书长。父亲笔头功夫好，在机关单位里工作，能写好材料是很重要的能力。父亲经常给部里的领导们写发言稿，他说领导们也很看重他，平反后不久就给他提了副处长。下放劳动的时候，他最大的心愿就是入党，平反之后也终于被组织接纳了。所以按父亲的观念，或者应该叫信念，他一直觉得组织对他不错，委屈、困苦都是暂时的。而在我看来，正是这些磨难，让他把很多事情看得没那么重了，学会了与命运和解。

母亲也是闲不住的人，她刚到北京参加工作的时候，在北京光华木材厂的财务部门工作，因工作努力还被当作干部培养对象。父亲被下放之后，母亲也受影响，工作岗位被换了好几个，做过几份很辛苦、委屈的工作，比如去看澡堂子、自行车棚，还在食堂干过杂活儿。父亲平反之后，母亲终于又调回到财务岗，光华木材厂安排她去下属的王府井家具店做了多年的财务，最后调到中国外运的财务部，直至退休。

父亲下放河南那八年，应该就是我们家生活条件最艰苦的时期。等到父亲回外贸部工作，家里的经济状况慢慢好起来。我记得小时候大杂院里的邻居们，买的第一台电视机是个9英寸黑白的，因为屏幕太小，电视前边又搁了一面凸透的玻璃，起到放大镜的效果。父亲回京之后，我们一家特别高兴，母亲难得下决心从积蓄中拿出钱来，买了台进口的12英寸黑白电视机，是罗马尼亚产的"美女牌"。即使在外贸部系统里，这也算个稀罕物件。电视机买回来，父母还舍不得常看，我印象中大部分时间，那台电视机上都罩着一块布。我父母这代经历过物质匮乏时期的人，珍贵的东西总是舍不得用。现在我望着满衣柜他们年轻时舍不得穿的衣物，以及我从国外买给他们、还未开封的巧克力等食品，心酸的眼泪止不住地流淌。

想起那会儿的街坊邻居，人际关系都比较朴素、单纯。我们家住在小报房胡同，是那种典型的北京大杂院，里里外外好多户人家。我妈那么能攒钱的一个人，也经常借钱给邻居。因为人家说差几天才能领工资，赶巧有事需要周转了，借个几十块钱，我妈也都不含糊。

小报房胡同在东单公园对面，内蒙古大厦的南侧，现在那片区域都改造过了，我小时候住过的21号后院已经变成一条小马路。前两年我有次路过那里，惊讶地发现，我10岁时候在院子里种下的一棵桑树，竟然被园林部门保留在道路中央，枝繁叶茂。

我小学上劳动课时，老师让做养蚕实验。养蚕需要的桑叶去哪弄呢？以前光华木材厂里有几棵桑树，母亲下班的时候会摘点桑叶带回来。后来觉得老薅单位的树叶子，似乎也不太合适，母亲就找来一棵桑树的小树苗，在我家后院挖了个坑，让我亲手把树苗种下。

没想到50年过去了，当我故地重游的时候，物是人非，这棵桑树还在。抚摸着树干，我好像看到了50年前那个挥着小铁铲种树的小男孩。

人生是短暂的，但这棵树将延续我们曾经存在的痕迹，为养育过我们的家园贡献美好的生机。

我把全家都带上珠峰

父亲最爱上海的小吃，比如南翔小笼包、乔家栅的定胜糕、生煎馒头、鸭血粉丝汤等。过去北京的上海饭馆少，他们也就偶尔回上海时能吃到这些。2000年以后，北京街上的纯正本帮菜馆子也多起来。每到周末我都从外地赶回，拉上全家陪父母吃江浙小吃。父亲可开心了，每次吃完还问我：儿子，咱们下回去哪家吃？

母亲就总说我浪费，说饭馆这随便一个菜，比在家做贵了好几倍，我和父亲都没少挨她数落。我说我点的菜都是在家不方便做的，而且人家饭馆大厨的手艺多地道——这都没用，母亲该说还是说。我知道她管着父亲的钱，所以我每次回家就偷偷塞给父亲一点儿钱，叫他平时买点喜欢的小吃。但父亲不忍撒谎，藏不住钱，经常让母亲给"查获"，或者有时候母亲说要买个什么东西，父亲随手就把钱给掏出来了。

我说我外婆重男轻女，实际上母亲也是重男轻女，她对我明显比对我姐更重视。因我长期在上海工作，主要是姐姐照顾老两口，但母亲还总当着我姐的面成天说你弟如何如何，经常让我都为姐姐"打抱不平"。父亲很心疼姐姐，同时也以我这个儿子为荣。父亲去世之后，我收拾他留下的那些剪报本，里边除了他自己写了发表在报纸上的文章，还有我工作后取得的那些荣誉的报道。因为我在做央企上市公司董秘和高管的时候，经常需要对媒体和公众发言，也获得了一些行业相关的荣誉和表彰。父亲把关于我的报道都剪下来，细心地贴在他的剪报本上。

我知道父母都关注孩子的一举一动，所谓儿行千里母担忧。唯有一次，我的行动是瞒着二老的，那就是我决定攀登珠穆朗玛峰的时候。当时父亲已经年老卧床，我从珠峰下来之后去看望他。我说儿子做了一件让你骄傲的事，你儿子登顶珠峰了。

父亲不信。我就把照片给他看，不过那张登顶的照片，我是戴着氧气面罩的。父亲就说："这戴着面罩严严实实，谁能证明这是你？"

我找出那张手持全家照片的登顶照片，举到父亲眼前说：我把全家都带上珠峰了。

父亲当时眼泪都下来了。

他从小对我的教育，就是当多大官、挣多少钱都不重要，身为男子汉，总要做一些别人做不到的事而受到尊敬，那才叫"牛"。母亲后来住在泰康养老院的时候，也会对周围的人夸耀，说"我儿子登过珠峰"。他们这代人成长的环境都挺严酷的，无论是物质条件，还是精神世界，随时要面对旁人挑剔、攀比的眼光，这些让父母形成了自立、自强、自尊的个性。这种个性，也潜移默化地影响了子女。

父亲出钱，让我去"老莫"请客

我参加高考是在1980年，我妈想让我报考北京的学校，好留在她身边。但我坚持要考军校，而且要离开北京，很大程度上就是想逃离我妈的控制范围。参军是我的梦想，而且有补贴，经济上我也想独立，不问我妈要钱，至少不像我爸那么憋屈。经济基础决定上层建筑，这个道理我高中政治课就学过。

我和我妈在大学报考志愿方面发生冲突的时候，我爸通常的做法就是先和稀泥——他说上海挺好啊，咱家就是上海来北京的，家里那么多亲戚都还在上海，有人盯着儿子呢，出什么事都好照应。这话说给我妈听的意思，就是上海也算她的"势力范围"，虽然不像北京在眼皮子底下，但儿子也能老实听话。我妈想想，好像也是这么回事，就同意我报考在上海的第二军医大学了。

转过脸来我爸跟我说，儿子你想当兵，爸爸是很高兴的。第一，你从小身体瘦弱，到军校去锻炼几年，能把身体练得壮壮的就挺好；第二，当兵可以穿军装，多帅气啊。说到这里他就不说了，我知道，他又想起了自己年轻时候，只是因为穿了身国民党军装照了张相，多年以后竟因此落难的经历。父亲一辈子没有当过兵，可能也是他心底的遗憾。他刚到外贸部工作时，单位里有很多业余活动社团，他报名参加的第一个社团就是射击社团。后来在单位举办的运动会上，他还拿过射击比赛的团体二等奖。

我高中毕业时，身高一米六九，体重不到95斤。而报考军校对体重还有要求，最低不能低于95斤。我日常体重刚好就差那么一点点，这可把我急坏了。军校招生体检正值炎热的夏天，我是猛灌了两大缸子水，又吃了半拉西瓜，才忐忑不安地去称体重。一上秤，刚好过95斤，我心里的一块大石头才落地，下秤直奔厕所去了。

在我印象中，父亲唯一一次很"豪气"地给我钱，就是我考上大学的时候。

收到录取通知书的那天，我们全家每个人脸上都洋溢着喜庆。父亲终于大大方方拿出了他的"私房钱"——其实也就是从抽屉底部摸出来10块钱——1980年的10块钱啊,可不是个小数目。我以为他让我拿去买什么东西,结果父亲说的是:儿子,拿这10块钱,和你要好的同学们,去"老莫"吃顿饭!

"老莫"是位于北京展览馆西侧的莫斯科餐厅。那个年代的北京孩子都知道,在那儿请客吃饭,是最"有面儿"的事了。从父亲手里接过那10块钱的时候,不夸张地说,我心里也是豪情万丈。那种感觉就是,在这个小小的家庭里,我也终于是一个真正的成年人了。我在心里说,谢谢爸爸,儿子长大了。

第三章
部队给了我面对磨砺的底气

上大学前，惊险的体检

第二军医大学，如今已经更名为"中国人民解放军海军军医大学"。1980年的初秋，我踏进了这所梦想中的军校。

到学校报到的时候，别人欢天喜地，看什么都新鲜，去哪里都高兴；我却是提心吊胆，焦虑不安了整整一个礼拜。

因为我当时心里装着事——我怕自己有病。

在初中的时候我得过甲型肝炎，已经痊愈好几年，本来我都已经忘了这回事。可部队院校招生相当于入伍，如果体检发现患有肝炎，是不能被录取的。

当时就给我担心坏了。体检抽完血，当时要过好几天才能出化验结果。那个带兵的首长宣布：你们这批学生先去上海集中报到，等化验结果出来，如果哪个查出阳性，就再"遣返"回来。

我一听这话，心里更是发毛，感觉自己几年前得过肝炎就像做贼心虚一样。回家我跟爸妈说，这怎么办，我得过甲肝啊，万一验血出来还有病毒残留，我这大学就上不成了。

父母只能安慰我，说病好都几年时间了，应该没事，别神经过敏。但他们这么说，也不能缓解我的焦虑，我只能忐忐不安地收拾行李，按时跟随大家坐火车前往上海报到。奇怪的是，原本好好的我，自从体检之后，总感觉自己的肝部隐隐作痛。到后来都不是幻觉了，我是真的感觉肝部疼，有时候疼得都直不起腰来。心想：完了完了，这是肝炎复发了。

就这么在上海难受了一个礼拜，验血结果出来了。带兵首长说，我们这届学生全部合格。

我当天就感觉，肝部疼痛一下子就大幅度缓解了。我终于可以放心大胆、独立自主地翻开我的大学生活新篇章。

接受命运的安排，也许就是最好的安排

说"放心大胆"是因为我确认了自己的健康和自信，"独立自主"则是我走出家门，终于拥有了自主的选择和决策空间。可能每个人的成长过程都有这样一个阶段，并不是说多么叛逆，只是想凡事自己做主，能够凭借自身的决断和能力去闯荡世界——也许刚开始自我决策，难免要付出高昂的代价，但就像余华写的那篇小说的题目《十八岁出门远行》，我自主选择18岁独立外出读书，也是自由意识的一次觉醒。

人们都说部队是"大熔炉"，对我来说，进入军校读书第一个显而易见的改变，就是让我解开了从小形成的"自

卑"心结。前面我写过，小时候的自卑一是由于自己作为外地人感受到的被排斥，二是由家庭出身和父亲下放导致的谨小慎微。我进入军校就发现，这两个心理的"禁锢"不存在了。同学们来自天南海北，真的像各种品级的"矿石"，一股脑儿倒进部队这个"大熔炉"里冶炼。人与人之间既是陌生的，又是平等的，我第一次感觉到家庭出身也只是一个人来到这世界的一道门槛，迈过它，未来靠自己的双手缔造。

当年我们那一届药学系招生整整100个人，编成一个大班。在这个百人大班里，我们又按照部队的编制分了两个排，但上课的时候这100个人全在一个大阶梯教室里，可以说是朝夕共处，真正的同窗。这100个同学分别来自北京、内蒙古、山东、江苏和福建，五个地方都是各招了20个人。大家来到上海，全是"外地人"，这让我放下了隐形的心理包袱，变得开朗了许多。

但我就读的这个药学系，却是一个我当时并不了解的专业方向。

我们是1980级，是恢复高考以后，首届全部都是应届高中毕业生组成的年级。第二军医大学拥有医学系、药学系、海医系、护理系等院系，并不是我先前以为的进了军医大，以后就都要当医生。

那药学系是学什么的呢？我那届同学基本都跟我一样，起初觉得报考医学院就是当医生救死扶伤，对药学专业根本没有概念。那专业怎么选的呢？答案是没得选，只有一句话："服从命令听指挥。"招生首长说，本届在北京招生，学药和学医的人数比例，大概是二八开，也就是20%的人要到药学系报到。我们一听就有点儿蒙，按什么分呢？学药的人这么少，将来我们工作发展的前景会怎么样呢？招生首长又说，药学专业要求化学成绩好，所以咱们这批体检的学生里，高考化学成绩在前20%的，就去药学系。

高中时候我就很喜欢化学课，高考化学成绩也是我所有科目里分数最高的，考了99分。那我理所当然，按照"服从命令听指挥"的原则，成了药学系的一员。如今的孩子们考大学报志愿，给搞成了一个非常复杂的评价体系，什么学校、专业、城市，冷门的、热门的，毕业后工作好不好找，要分析考量很多因素。这些我们当年全都没有仔细考虑过，上军校首先是要学会"服从命令听指挥"。

这样的分配结果好不好呢？现在回顾我的职业生涯，我只能说，很多事情在当时是看不清的，接受命运的安排，也许就是最好的安排。我同班的这届药学系同学后来分到的工作单位，相对于医学专业的都很好，起码都是各地的中心医院，按现在的说法就是三甲。首先，全军那时有四个军医大学，都有军医系，每届每所大学毕业200~300名军医。而唯独第二军医大学有药学系，每届只有不到100名药剂师。物以稀为贵，全军的所有医院都抢着要我们这批学生。

其次，药学系的学制短，我们是四年制，而学医则要五年。也就是说，我们比学医的学生早一年毕业。在部队系统里，大概每隔三到四年就有机会提升一次职级，那么我们早一年毕业就早一年提级，这又是一个参加工作以后才知道的优势。所以如果单纯说职业发展和个人待遇的提升，学药是个很好的选择——只不过我们都是被动选择了这个专业，应了那句古话：塞翁失马，焉知非福。

鸡蛋自由了，肉包子也管够

除了一入学就在专业分配上让我们这帮"新兵蛋子"感受到了"服从命令听指挥"的含义，军校还在学习和生活的方方面面，都让我们学生树立起了"规矩意识"。为什么大家说，当过兵的人在社会上一眼就能看出来？因为部队就是通过无处不在的细节规训，把每一个进入军队体系的人都进行了重新塑造，比如一个人的行为举止，为人处世的做派。吃饭、睡觉、上课、军训、课外活动……军校的校园里，处处都有规矩。

这种规矩意识的建立，为我日后成为职业经理人提供了重要的价值训练。每个人天生都向往自由，但自由对谁都不是无限的，大家都要在不同的场合和社会身份中，受到不同的约束。越早意识到规矩的无处不在，可能就越有助于建立融入骨子里的行为准则，规避人生成长过程中"出格""踩雷"的风险。当我日后离开部队转业到地方，进入不同的企业就职的时候，也有过一些把"规矩"抛诸脑后，甚至刻意去打破规则、挑战权威的行动。打破规矩不是不可以，有时甚至是有必要的，但也一定会付出相应的代价。得失的衡量，是我职业生涯中恒久的课题。

军校的生活，就像我们口号里喊的那样——团结、紧张、严肃、活泼。我想考军校的其中一个原因是想实现经济独立，因为军校就开始算军龄了，给每个学生都有补贴，我们当时是每个月七块钱。这七块钱我基本花不掉，因为在学校里吃饭穿衣都不用花钱，顶多就是有时候跑到学校附近的五角场，在翔殿电影院看场电影，下馆子点几个菜、喝点啤酒什么的。

第一年探亲回京，我托上海的姨妈给老妈买了双时髦的皮鞋，给老爸买了一台"上海牌"两喇叭的收录机。看到老两口开心、自豪的笑脸，我"离家出逃"的内疚感略微消除了些。

军校生活严谨规律：起床、出操、吃饭、上课、自由活动、晚自习、熄灯、外出都有严格的规定。我们1980级100名学员，按部队编制分成两个排，每排有4个班。当时我们每间宿舍住6个人，每两间宿舍12个人编成一个小班，每个小班设班长、副班长各一人，我是二排七班的副班长。这跟现在的普通大学班干部还不太一样，我这副班长不是选上的，是入学就被教导员指定的——可能因为我的履历记录了高中时候当过班团支书，指导员就认为我有当班干部的经验吧。实际上大学里的这个班长和副班长，充其量就是这 12 个学员的召集人，排里有什么事，我们就负责通知和督导落实。军校的教职员工也不像现在的大学有那么多人，实际上我们都没有班主任，一个年级设队长、副队长、教导员各一名，负责教练本届学员的军人素养。军校四年，大多数时间都要靠学员间的相互督导、学习，每个人的自律能力都得到锻炼和提升。

每周末，学校只允许 20% 的学员进市区，外出名额有限，大家轮流申请，执行外出和归队登记。周末留在营区的同学，多会参加本系或与隔壁的海医系组织的足球联谊赛。一场球赛踢下来，集体观战助威的同学，往往嗓子都喊哑了。

我妈姐妹五个，其中最小的小姨，当时在上海光明食品厂工作。每当我在学校里过生日的时候，就去位于徐家汇小姨上班的店里定做蛋糕。因为我们班人多，一个蛋糕不够吃，我每次都定做两个最大号的蛋糕，叫上个同学一起去取回学校。同学们有很多农村来的，以前没吃过这么好的奶油蛋糕，大家吃得可开心了，而且都记住了我有个做蛋糕的姨妈。因为我自小在上海生活过，有语言和环境熏陶的优势，有时候同学们去逛市区，还会拉上我做向导兼翻译。

在上世纪 80 年代初那几年，部队院校的伙食是很好的，任何一个节日都会加餐。我小时候心心念念的"鸡蛋自由"，在大学里就算是实现了，还有肉包子也管够。逢年过节的时候，同学们就会分班包饺子或者包子吃，让炊事班事先给调好肉馅、和好面，我们就只管擀皮、包好。各班同学比着展示手艺，包出来的饺子、包子可谓奇形怪状，但都吃得其乐融融。

人一上了点岁数，就喜欢怀旧了，有空闲的时候会拿出老照片来翻翻。相册里面有一张我入伍第一年穿军装的照片，那是1981年的夏天，我上大学之后第一次休探亲假回家。看我穿军装的样子，父母都高兴坏了，尤其是父亲，绕着我左看看右看看，眼中闪着光。我想他一定在我身上看到了年轻时的自己，我穿的这身真正的解放军院校学员的军装圆了他的梦。

还有很多我和大学同学的照片，每次看到都让我回想起那几年意气风发的青春时光。同窗四年，同学们特别团结，大家互称战友，亲如一家。我们虽来自南北方五个不同的省份，口音和生活习惯差异很大，但被部队"大熔炉"熔炼成了亲密无间的战友集体。尽管同学们毕业后各奔前程，如今的身份有的是部队或地方医院的药剂科主任、科研院所的博士生导师、国外大学的终身教授，还有央企的高管、民营企业的老板、事业单位的公务员，有的已经因病离世，但翻起当年的照片，看着那些青春的面容，总会联想起令人忍俊不禁的校园轶事。这些美好而宝贵的记忆，永远铭刻在我的脑海中。

留校任助教，我的"药剂美学"

1984年，药学专业本科毕业之后，我留在第二军医大学，成了药学系药物制剂教研室的一名助教。

我不是一个很有天赋的人，从小到大，学习成绩都还不错，主要是靠自律、用功，而用功是需要激励或者某种精神力量感召的。比如小时候为了吃上我二姨家的冬瓜榨菜丸子汤，我一面用功学习，争取考一百分；一面积极参加学校组织的各种劳动，争取评"三好"。到了大学阶段，学习就主要靠逻辑思维和学习方法。当我大学毕业留校，身份从学生转换成老师时，我也是通过换位思考，较深刻地领悟到大学教育与日后专业技能和职业素养间紧密联系的要素所在。

比如，医学院的药学系培养出来的学生，主要的职业取向是药剂师，就是在各种医院的药房里，或医药经销渠道里，根据相关法规明确界定的专业工作者。他们的职业范围，要求学校培养出来的学生药学专业的基础知识面要广，触类旁通能力要强。就业后根据所履职的药理、药分、制剂等细分领域，再"深耕发展"。而大学药科培养的可能更多的是医药工业领域的药学工程师，比如合成工程师、分析工程师、药理工程师、制剂工程师等。因此本科毕业的学生专业方向更加明确，专业知识的理论和实践更聚焦和深入，如同定向培养，更加贴近日后就业的定向岗位。职业目标定位的不同，也决定了不同学校和院系之间专业课程的设置，以及老师教学内容和方法的侧重不同。

我之所以留校，一个比较重要的原因是我大四的后半学年在药剂教研室实习，而大多数同学则是去医院的药房实习。我留校实习的工作内容，就是参与教研室指导老师的课题研究，兼做一些教学辅助工作，比如给当时学校开设的一些针对部队单位的进修班做助教，准备教案和实验，协助老师批改作业，等等。

那半年的实习，让我发现，原来我自己还挺喜欢教学工作的。首先，因为我在北京长大，普通话很标准，在课堂教学上就有个能清晰表达的优势。其次，站在讲台上的这份工作，也迫使我更大程度打开自己的内心，让我时刻有一种融入集体、与人交流、随时准备答疑解惑的心流状态，这也是对我这种渴望合群的人一种正向的心理引导。所以当日后我在更多的工作岗位上历练，并且成为一些机构的领导者之后，我越发意识到，年轻时候这种心流状态营造的锻炼多么重要。机构要找到一个岗位适合的人，一个人要找到适合自己的工作岗位，"心流状态"就是彼此满意的重要衡量标准。

我们国家是药物原料的出口大国，也是药物制剂的进口大国，制剂工业是国产药物进步的主要瓶颈环节之一。药物制剂专业课的内容是有点儿枯燥的，但又能引发学员动手实践的兴趣冲动。常见的一些药物形态，如片剂、丸剂、冲剂、乳膏剂、胶囊、糖衣片、注射针剂等的生产工艺，与我们日常生活中接触到的食品工业的某些工艺非常相似，区别在于，药物制剂的品质控制更加关注药物有效成分在储存和使用过程中的稳定性及生物利用度等指标的合格。我曾在课堂上，就国产和进口冰激凌在不同温度和时间变化后外观、香气、口感的对比，引导学员从"美学角度"探索乳膏剂制作工艺中有关药物粒度、分布均匀性、表面活性剂种类及用量、温度及搅拌速度等，理解对制剂稳定性和生物利用度产生影响的要素和配方优化的原理。同时也将该原理应用于老山前线蹲"猫耳洞"战士常见皮肤病"股癣"治疗药剂"酮康唑乳膏"的课题研究中，该课题荣获全军科技成果三等奖。

我在讲述"药剂美感"的时候，脑海里泛起的回忆，就是我小学课堂上，听严淑静老师讲《蛇岛的故事》所感受到的那种审美的启蒙。多么奇妙的缘分，严老师或许想不到，当年听课的小男孩长大了，也像她一样站上了讲台，学着像她一样，让知识闪耀出"美"的光芒。

"生物药剂学"和"药代动力学"是需要使用实验动物最多的科研、教学项目。要让学员掌握动物实验的操作技能，教员本人的操作水平非常关键。兔子是实验中使用最多的动物，我带一次实验课平均要使用40余只兔子，几年下来，想起为科学献身的无数只小白兔，我有时感到一种深深的"罪孽感"，但也正是它们成就了我"兔耳采血"技术的炉火纯青。后来我女儿小时候有一次生病去医院输液,那个护士可能是新手,哆哆嗦嗦给我女儿头皮上扎了三针都没成功。我在旁边非常心疼,说"干脆我来吧"——我拿过针头,一针就成功了。直到我女儿长大了她都还记得,爸爸扎针可准了。那要感谢当年数百只"兔先烈"铸就了我的"硬功夫"。

八年熔炉炼成钢,一朝转业回地方

从1980年入伍上军校,到1988年转业回到北京,我的军旅生涯历经八个年头。我从一个瘦弱懵懂的青年,成长为有了第一重职业历练的稳健战士。部队这座"大熔炉"锻造了我,让我建立起"为人要真诚、行为要规矩、做事要认真、处世要平和"的人生价值观。军校对我的培养,我始终心存感激且终生受用。

报考军校是我人生中的第一次自主抉择,而放弃部队院校安稳的工作环境和就读研究生的深造机会,则是我第二次重大抉择。假如我当初没有选择转业回京,继续留在大学里任教,和当时很多同龄青年教师一样,边教学边深造,沿着助教、读研、讲师、副教授、教授,甚至兼科室或院系行政领导的职业发展轨迹,成为如今部队院校教职体系中的一员,无疑也是一条受人尊敬、令人羡慕的职业发展路径。

但对我来说，一眼能望到头的路径，不太符合我追寻新的挑战、历练掌控不确定性能力的体验、探索自我价值潜能的人生观。对于职业的选择，求稳还是求变，关键还是要正确评估自我优势和职业价值观，寻求岗位空间和需求与自我优势和价值观的匹配，走一条"事半功倍"的职业发展路径。

人生重大抉择目标的达成，往往要"天时、地利、人和"三要素聚合。

1985年，时任中央军委主席的邓小平同志宣布，中国人民解放军要整体减员一百万。经过三四年时间，"百万大裁军"这个大目标基本实现了，但部队各系统和单位的裁员，仍在按照不同进度的部署继续推进。1988年，第二军医大学规划教职队伍进一步"高素质年轻化"，也就是让一批学历低、年龄大的教职工，逐步转业到地方去。

但这个部署进度是很缓慢、困难的，现实原因就是这批人年龄都较大了，很多人也都到了团级干部的位置，团级转业到地方就相当于处级，给这批人安置工作，地方政府也很难办。再说他们在上海原本稳定的家属就业和子女上学，从上海转业回原籍需要重新安置，很多人也不乐意。

我们教研室当时就有两位这样的老同志，按规定将被安排转业。但最后走的不是这两位老同志，而是我和另一位比我高一届的学长。我们两个青年教员转业走了，这是怎么回事呢？

我和这位学长都是从北京入伍的，我们职业追求相近并一起向系领导提了转业申请。我申请的理由是：一是父亲快要退休了，父母体弱多病，身边需要人照顾，我想回去尽孝；二是本教研室的老同志，家里都是农村的，如果转业回去，各方面也都挺困难的。作为受过老同志传帮带之恩的我，借此机会申请转业，既是个人需求，也想成人之美。

面谈时，系主任问我："你的研究生考试也刚刚通过了，如果现在转业，就等于放弃了留校读研，你不觉得可惜吗？"

我说："的确有点可惜，不过我还年轻，以后还能找机会继续深造。"

系主任见我决心已定，话也说得诚恳有理，就批准了。那两位本该转业回老家的老同志，对我们这两个年轻人也很感激。

转业申请获得批准，下一个问题就是：转业去哪个新单位呢？我父亲在外贸部工作，比较熟悉他们部委对口的一些央企。与医药专业相关的外贸央企，当时在北京主要有两家，一个是中国医药保健品进出口总公司，另一个就是中国化工进出口总公司，当时我也是准备联系这两家单位。

可是这两家单位我都没去成，因为1988年又发生了一桩改变我命运的意外事件——上海甲肝大流行。

上海人爱吃毛蚶，这是一种河鲜。过去上海人吃的毛蚶大多来自山东，可是1987年秋天，上海港口航道改扩建，在江苏启东那边的长江口作业时，从泥沙里挖出了20多公里长的一条天然野生毛蚶集聚带。大量来自启东的野生毛蚶，味美价廉，很快铺满了上海人的餐桌，取代了山东的养殖毛蚶。

问题就出在贩运者用运过粪便的船运输毛蚶，导致有些批次的野生毛蚶携带了甲肝病毒。1988年初，上海的甲肝发病率达到高峰，2月中旬平均每天新增甲肝病例超过1万例。到3月基本控制住疫情的时候，上海共计有29万人患病。一时间，上海人谈甲肝色变，全国人谈上海色变。

我不吃毛蚶，也没有得甲肝，可是当我回北京的时候，人家一听是上海来的人，吓得连门都不让进。那段时间，我都没见到联络的央企的主管领导。正在等待的时候，我的档案已经从军转办被北京市外贸系统优先提走了。

80年代的大学毕业生是很稀缺的，我拥有第二军医大学这样的名牌军校背景，北京市医药保健品进出口公司（简称"北京医保"）在挑人的时候，一眼相中了我。不知不觉，我转业回京的人生轨迹，在这一刻悄然转向。

第四章
人生就像辞职信，有时没有退路

医保公司来了个年轻人

1988年9月，我正式入职北京医保。

我被分派到出口四部（对外称"西药部西药原料科"）。公司位于北三环安贞桥的东南角，北京外贸六层小楼的2—4层。那时候我家住在南三环的蒲黄榆，距离单位很远，每天上下班，我就是骑个自行车，在南北三环之间穿城而过。

北京医保拥有计划经济年代特有的医药类产品特许进出口贸易资质，是由原北京土畜产进出口公司的中药部和北京化工进出口公司的西药部合并组成的一家新公司。

这是我职业生涯中第一次主动选择"跳出舒适圈"。因为之前在第二军医大学留校任教的四年，从工作氛围到生活节奏，都还是延续了大学时代早已习惯的那种简单和安稳。转业回到地方，我遇到的第一个职场环境，就是北京医保这样，由两家企业的人员、资产和业务合并而成的公司。

工作起步阶段，我面临两大"不适应"：第一是外贸专业知识缺乏，工作节奏不适应；第二是人际关系复杂，带来更大的心理不适应。

当年的北京医保，党委书记是"土畜产派"，总经理是

"化工派",两个领导分别从原公司带过来自己的一派人马,两派人马彼此不对付,工作中互相抵触、对抗、使绊儿,甚至都已经到表面化的地步。我刚去公司报到的时候,书记和总经理就分别找我谈话,都说我是公司不多的应届毕业大学生、有专业背景的军转干部,都说要"重用"。这个意思很明显,是让我选边站队,看我想加入哪一派,"当谁的人"。我被分到的是西药部,要按这个部门工作性质来说的话,属于"化工派"总经理的地盘,但"土畜产派"的书记,明摆着也想拉我过去。

如何处理复杂的人际关系,可能是很多年轻人初入职场都会面临的一个普遍现实问题。随着社会环境和人们思想层面的逐步开放,现在的企业管理越来越追求规范化、效益化,给员工更多的尊重和个人价值创造的空间。但人性的复杂,以及不同行业和企业所面对的不同市场环境,导致人与人之间、团队与团队之间的利益争夺,都是企业内卷的根源。

面对全新且复杂的工作环境,牢记"自我突破"的转型初心,我直面问题,明确了"尊重前辈、恶补短板、提升能力、创造业绩"的处事方针。

我就职的西药部西药原料科,当时的科长是张学信,副科长叫吴孝良,两位都是 50 多岁的领导,对我很照顾。张学信科长风度儒雅,遇事不紧不慢,有时会帮我出面解决一些棘手的工作,能做到两派都不得罪,把事情都处理得比较圆融。吴孝良副科长业务能力很强且经验丰富，师徒式"传帮带"，使我快速学到很多工作技巧和方法。对两位领导，我的感恩之心至今犹存。

我用三个月时间读完了外贸专业的所有教材，并通过了北京市外销员资格考试。我们科里的老业务员，学历最高的是外贸学校毕业的中专生，我的应届毕业大学生和大学老师的背景，对老业务员造成很大的竞争压力，他们有戒备心也正常。因此，我下班后加班学习老业务员进出口业务各环节的工作文案，主动请缨帮老业务员做各种辅助工作，以勤奋工作体现对他们价值贡献的尊重，赢得团队的信任。

在恶补外贸业务知识和技能的同时，我从自己所学专业入手，努力研究科室具体业务的价值增长点。现在我还留着一篇当年在北京医保工作时写的文章，有点儿像工作感悟，也有点儿像一篇业务实践的论文——这是我在工作中逐渐养成的一个良好习惯：勤于总结，追求卓越。

这篇文章的题目是《试述药学专业知识在医药外贸中的应用及作用》，内容如下：

试述药学专业知识在医药外贸中的应用及作用

毛嘉农

常言道：药可治病亦致病。医药产品的质量好劣，直接关系到人民生命健康的安危，在外贸业务中，也直接影响着我国医药界在国际市场的声誉，影响着外贸公司出口创汇任务的完成。

下面将从三个方面简述药学专业知识在医药外贸中的应用及作用。

一、了解和掌握一些基础药学专业知识是一名医药外贸工作者的基本素质之一。以往在评价一名外贸工作者时，总是将衡量的标准，基于看其是否外贸科班出身、外贸资历的长短，以及外贸知识的掌握程度。这些固然重要，但人们往往忽视了看其对所经营商品知识的掌握程度，这对专业知识性很强的医药外贸来讲，就显得格外重要。

例如有一位老外贸业务员在与外商谈判时，尽管其具备良好的外贸知识和谈判技巧，但由于其对西药原料在合成制备过程中投料比的基本概念不清楚，结果还是让外商将进料加工后的成品价格压得很低，给国家造成损失。

再例如，某一老外销员，在给外商打印医药出口产品质量检验报告时，由于对医药专业知识不了解，擅自将一水柠檬酸分子式中一个结晶水舍去。而当时无水柠檬酸的价格比一水柠檬酸高30%，外商便根据此外销员出具的质检报告，向我方索赔，给公司造成不必要的损失。

类似上述案例还很多。做贸易就要干什么吆喝什么，而缺乏应有的商品知识，则将会适得其反，事倍功半，甚至给国家和企业造成巨大经济损失。

因此，了解和掌握一些基础药学专业知识，是一名医药外贸工作者的基本素质之一。

二、掌握药学专业知识对保障所经营的医药产品的质量、维护医药出口产品的声誉起着至关重要的作用。

医药产品依据其组分结构的不同，呈现着不同的理化性质，而这些理化性质的表现则决定着其产品的稳定性、疗效以及产品的贮存条件。医药产品的出口，一般要经过检货收购、入库存放、配载运输等几个环节。而医药出口产品的包装要求、存放时间、贮存条件均要根据每一种产品的理化性质区别对待，切不可千篇一律。

例如，前几年，我公司某业务部业务员不了解所经营医药产品的性质，缺乏药学专业知识，盲目收购大量对氨基水杨酸钠。后来国际市场行情下跌，产品一时销不出去，积压三年以上，产品开始变黄。部分已销国外的产品遭到客户索赔，给公司造成损失。

又如某业务员在与工厂协商产品包装时，不了解该产品极易吸湿变质，未要求工厂在原料包装桶中加干燥剂，并在桶中加密封卷垫。结果在雨季海运至东南亚后，全部产品吸湿变质，既影响我出口产品的声誉，也给国家带来巨大损失。

三、药学专业知识对预测国际市场医药产品行情将起到积极的作用。

医药产品，根据其自身特定的治疗作用和应用范围，在国际贸易中的供求关系、价格行情是有一定的变化规律的。如作为饮料添加剂的柠檬酸、无水咖啡因，以及治疗痢疾的呋喃唑酮，在夏季到来时，需求大，价格高。而一些常年使用的心血管药、解热镇痛药则变化不大。

此外，最新国际医药学研究成果也是一种预测的手段。如近几年报道的阿司匹林的老药新用途——用于心血管方面的特殊疗效，使其近几年的需求量猛增。而新产品的问世，也标志着老产品的衰退。如目前苯氧布洛芬已逐渐代替布洛芬，使国际上布洛芬的销量直线下降。在西方，医药学界的最新研究成果，显示了维生素C的防癌、抗癌效果显著，随之，国际医药市场的维生素C的需求量急增，价格也随之上涨。

仅上述几例，即可说明药学专业知识和信息，对预测国际市场医药产品行情将起到积极的作用。

综上所述，药学专业知识在医药外贸中占有极为重要的地位，起着至关重要的作用。我身为一名药学专业人员，不但自己在日常外贸工作中，充分应用所学的专业知识，为出口创汇、增加经济效益而努力工作；同时，要向周围的同事们起到宣传、普及药学专业知识的作用，起到监督、防范的作用，为我国的医药产品能更多地走向世界而努力工作。

这篇文章后来发表在外贸行业的一份杂志上，还帮助我评上了中级职称。过了30多年，今天再看这篇文章，我觉得还是挺有意思，字里行间，都带有那个年代的特色。除开文字表达上的稚嫩和粗糙，我觉得这篇文章至少反映当时的我，是如何思考自己掌握的专业知识，如何在企业的日常业务运营中凸显其价值的。因为我是药剂师，在北京医保还承担着产品质量监督员的职责，所以我在文章中主要论述的也是这些问题。常言道，打铁必须自身硬，药学科班出身是我的优势所在，也是一个没打算参与"办公室政治"的年轻人，在复杂的职场环境中立足的根本。

别人喝酒我喝醋

经过一段时间的历练，我在北京医保基本上站稳脚跟，开始全身心地投入业务的开拓。应该说，我这个人的"工作狂"气质，是在繁忙的外贸行业里熏陶出来的。努力就有回报，我也收获了组织和同事们的认可。1988年下半年我入职北京医保，1990年就被公司评为优秀共产党员，后来又连年被评为北京市外贸系统的优秀共产党员。

当年计划经济主导下的外贸公司业务，主要划分为外销和采购两大部分。外销业务即做国内医药生产企业产品进出口业务的外贸代理；采购即先按照国外长期客户的订单做产品预测，然后与国内厂商签订年度供货合同和计划外增量合同，由外贸公司的下厂员负责分批采购入外贸公司仓库。年度供货合同又称为计划内货物，通常价格低于计划外合同价格。一般进入外贸公司的业务员，都是从下厂员开始历练的，我也一样。按照年度采购合同量排序，当年山西太原制药、华北制药、吉林制药、北京双鹤药业、山东新华制药等主要的药厂，都是我经常去的地方。

作为下厂员，很重要的工作是保障紧俏外销产品能及时采购入库。为保障外销业务的增长和盈利，下厂员为了按计划内价格保障紧俏商品货源，喝酒技能是必不可少的。老外都说，中国人的生意是在酒桌上谈成的，此言不虚。遗憾的是我家没有遗传给我更多的酒精代谢酶，喝一两白酒就脸通红，半瓶啤酒入肚就开始反胃。当时我把喝酒也当成一项工作技能来练习，每天下班回家，桌上放瓶啤酒和半斤猪头肉。第二天早上起来一看，猪头肉没了，啤酒还剩小半瓶。

去山西出差，那边人都喝汾酒，白酒我更不行。我和太原制药厂供销科的哥们儿混熟了，他们知道我酒量确实不行，说："毛啊，你喝二两就钻桌子底下去了，这怎么办？我们山西对于你这不能喝酒的有个办法。"我说："啥办法？"他们就说："以醋代酒。"说着就拿过一瓶山西老陈醋，给我倒一小盅，他们喝酒，我等量干醋。

尽管老陈醋也难下咽，但毕竟比喝汾酒挺的时间长。他们半瓶酒下肚，兴奋地说："毛够意思！接下来这样，换大盅，毛多喝一盅，多给你一吨平价货（计划内价格货）。"

那天我足足干完了一瓶山西老陈醋，落下个"干醋毛"的名声。

在20世纪90年代，工作中喝酒应酬倒无伤大雅，但有一条须谨记：人要有底线，不可贪婪。有个跟我很要好的朋友，也是在外贸公司负责药品采购，因为吃回扣，就被抓进去了。

这个人姓L，早年也是部队系统的，在上海某医院药剂科工作，跟我爱人曾经是同事。L为人热心肠，还帮助过我——我在上海留校当教员，结婚没房子，他就把他在上海的一处房子借给我们小两口住了有小半年，我是很感恩的。后来我和他都转业，他去了上海医保，我去了北京医保，都做采购，又成了同行，我们经常约在同一药厂见面小聚。

L比我大好几岁，他又结婚早，当时儿子都上中学了。有次在山西相聚喝酒聊天，他就跟我透露，说他想让儿子去国外留学，缺钱，打起了"采购价差吃回扣"的主意。

我一听就很吃惊，我说你可小心啊，这不是闹着玩的。你现在采购量大，别人也有求于你，等哪天你不在这个岗位了，出什么事就不好说了。

他满不在乎地说，没事，他们科长也在干，况且公司业务也不亏损，你不弄就不合群了。

L说的这个情况我也有所耳闻，这就是当年真实存在的市场现象，当你在某个有利可图的岗位上工作，诱惑就会时刻围绕在周围。父亲从小就告诫我：为人要本分，靠自己努力挣钱心里踏实。

从业多年，我还验证了另一句话：出来混，早晚要还的。

过了几年，L果然东窗事发，他和他的科长都被抓了，是个窝案，拔出萝卜带出泥。L被判了三年。我听到消息的时候，也只能扼腕叹息。

为一套房子折腰

工作以后，每个人都渴望多挣些钱改善自己的生活条件，但在职场起步阶段，收入和职级都较低的时候，日子往往过得窘迫。上世纪90年代初，我在北京医保当科员的时候，每月工资只有百元左右。后来妻子研究生毕业，分到位于丰台卢沟桥那边的部队单位。我们有很长时间借住在她单位临时安排的一间筒子楼宿舍，我每天上班，也要倒好几趟公交车，早晨六点多就得出门，九点才能赶到单位，很辛苦。

1992年，我爱人怀孕了，我即将当爸爸，就更加渴望单位能给我分一套房子，解决上班通勤路途遥远等困难问题。北京医保每年只有很少的几个住房分配名额，由领导统筹考虑。按照公司住房申请规定，我给单位书记写了封信，陈述了自己申请分房的理由。这封信我也一直留着手稿，因为这既是年轻时候工作和生活状态的写照，也是一段艰难岁月的实证。

Z书记：

我写此份材料的中心意图和主要目的，是想通过我第一次，也是最后一次正式向公司领导讲述我在工作之余的生活中所遇到的困难，并希望您和其他公司领导能切实体谅我的实际困难，同意我经过反复考虑后，不得已所作出的决定——请求调动工作。

我是1988年9月从部队院校转业进入市医保公司的。当时我已在上海结婚，因爱人正在读研究生，我回京后实际过两地分居的生活。1989年初，公司开始进行分房排队登记，我按规定办了相应的手续。但当时公司主管分房的领导对我说，公司这次房源紧，又是公司成立以来第一次分房，你目前是分居，就视为单身，先往后排排，如有多余的房子再调配。我想，自己刚到公司，还没做什么贡献，又是公司确有实际困难，也就同意等候。可1988年回京时，原单位已将我在上海的住房收回，我将所有的家具均运回北京。父母家地方小，我只好将家具等物品寄存在我姐夫单位的仓库中。就这样，一放就是一年多，由于存放地点潮湿，家具已部分发霉、变形。

后来，我一同学随其爱人出国长住。我以为其看家的名义，才解决了家具的存放问题。常言道，安居才能乐业。但我在未安居的情况下，仍是认真地做好本职的工作，以尽可能少的时间，熟悉和掌握了所在业务部的全部工作技能，并通过自学，完成了全部外贸专业业务课的教材学习，以优良的成绩通过全国外销员统考。

去年，我爱人从上海研究生毕业分回北京，我们一直过着打游击式的生活，轮流居住在父母家、同学家（因原随爱人长住国外的同学已回来）。尽管此次公司分房过程中有许多不尽如人意的地方，但我始终顾全大局，从未为自己至今无房而向任何一级领导提出过分或无理的要求。相反，自己尽量克服在家庭生活中所产生的许多困难和不便，努力尽力完成公司的各项工作和任务。

去年9月，我母亲因车祸造成脊椎挤压性骨折，一直躺在床上，身边24小时需要有人照顾。当时我刚出国回来，理应多在家照顾母亲，可秋交会科内人员排不开。为了工作，我还是说服家人，完成了交易会的各项工作。

今年9月，我爱人在孕期中旬发生车祸。正逢我准备欧洲贸易小组出访，临时换人已来不及，只能自己克服困难，以公司利益为重了。

今年7月以来，随着我爱人身孕的加重，行动也越来越不方便。她工作地点在丰台南五里店（靠近卢沟桥），从我母亲家（蒲黄榆路）或我同学家（双榆树）

上班，骑车、挤车就要两个半小时。我曾再一次给公司行政科（分房委员会）打报告申请要房，以解决燃眉之急，可至今未有回音。甚至在比我后来公司，条件（住房）比我好得多的同志拿到住房后，我仍未得到回音。

后来，我爱人单位考虑其实际困难，分配了一间集体宿舍。这样，我的新问题就产生了。我每天早上6:30从南五里店出发，班车不正点，只能赶公交车和地铁。急赶慢赶，到公司已是9:00左右。不讲我目前是一个部门的小主管，只是单从一党员的地位，我想总是迟到，影响也不好。可我确实是无能为力。明年年初，我爱人将生小孩，其父母远在福州，我父母体弱多病，抚养孩子的全部使命均落在我们俩身上。我目前上班又是如此之远，精力实在有限。我曾经也是一名军人，现在正值在事业上大干一场的时候，我有我的责任心和事业感，有时它们将超过一切。今年5月，我就是凭借这种力量，挺身接下四部的工作，尽管我知道这份担子之沉重……我所做出申请在年底前调出的决定是出于万不得已，同时也考虑到现在提出还不耽误公司明年工作安排的人选问题，希望此举不会给您和其他领导造成太大的麻烦。我会永远记住公司领导对我的培养和教育，无论以后我在什么岗位上工作，都会不辜负您们对我的期望，更不会给医药公司抹黑。我衷心地期望北京医保今后更加繁荣、昌盛。

最后，恳请您能认真考虑我家庭中的实际困难，满足我的要求为盼。

非常抱歉占用您宝贵的时间。

毛嘉农 敬上

1992.12.4

在这封信的末尾，我提到自己接下了业务四部的工作，实际说的是我当时已经当了科长，接替退休的老科长张学信。老科长走的时候，语重心长地对我说："小毛，做事小心一点儿，你是眼睛里不揉沙子的人。"

我很能理解老科长的担心，他的言外之意是，在这么复杂的环境里要想生存下去，我得学会调整自己的性格，如果性格改变不了，至少要学会调整表达方式，说话不能太直。我自己也知道，过去几年里，方方面面的工作中，我其实已经把很多领导给得罪了，我一直都不是整天跟在领导屁股后边转，俗话说特别"会来事儿"的那种人。

可我就是这么一个脾气。从写给书记的这封信里也能看出，我是摆事实讲道理，确实由于生活所迫，已经不能安心工作，我才申请调离岗位。按说我刚当了大半年科长，正是努力干事业的好时机，能坚持的话我肯定会坚持下去的。我又是自尊心很强的人，给领导写这样一封信，自己都觉得脸红，实在是走投无路，没招儿了。

实际上，我当时的生活很困窘，捉襟见肘。我女儿出生在福州，妻子坐月子都是岳父岳母给陪护照料的，连我们一家从北京往返福州的机票钱，都是岳父母家给出的。

孩子满百日后回到北京，我们夫妻俩忙得昏天黑地，也请不起保姆，只能两个人硬扛。爱人休产假的时候，白天她带孩子，我上班早出晚归，一天有四五个钟头花在路上。晚上我回到家接力照顾孩子，爱人得以缓歇一下，我们俩就相当于两班倒，每天都是精疲力尽。

那是我30岁的时候，承受生活的重压，感觉到了灰暗的人生低谷期。我深刻体会到，"不为五斗米折腰"是多么艰难的一件事。很多时候恰恰是"一分钱难倒英雄汉"，何况我需要的是一套房子。

最难熬时，拎着酒瓶上香山

信是交给书记了，可又过了两个多月，1993年春节后，单位还是没有理会我分房的申请。我终于下定了辞职的决心。

可我能去哪里呢？

在上世纪90年代，"跳槽"还不是一个司空见惯的现象。人才的流动和职业的选择，虽然比起改革开放之前，有了较大的开放和自由度，但也并不是"想跳就跳"。尤其是国企系统里，像我这种已经有了干部编制和一定职级的人，换工作更是受到重重限制。首先，大家都是一个萝卜一个坑,对我来说,可选择的去处并没有那么多;其次,如果我一定要辞职,就要考虑因此可能付出失去干部身份的代价。

想来想去,我想到了一个人,就是中国化工进出口总公司(简称"中化")下属化工品公司出口三处的陈佩英处长。

陈处长是一位非常和善、干练的女领导,我和她是在业务往来中认识的。因为当年一些药物出口都需要配额许可证,北京医保拥有维生素C原料药的出口许可证配额,而中化化工品公司尚未获得出口配额,从事这类业务就需要同我们合作。我和陈处长也都经常要参加各种行业展会,陈处长是上海人,我们沟通得很投缘。有次在广交会上一起聊天,我还不经意间说起,在北京医保这边工作环境的种种不顺。陈处长听后,爽朗地说:"不行你就到我们这边来啊。"

说者无意,听者有心。在认真思考自己未来职业发展前景的迷茫时刻,我又想起了陈处长,就和她联系,询问是否真的有机会去中化工作。

陈处长答道,理论上是可以的,她了解我的工作能力和为人,出口三处正在开拓医药出口业务,也正好需要我这样的人。但有一条,陈处长说,中化公司属于央企,很难接受从别的单位辞职出来的人。我如果想到中化来,必须走正常的干部调动程序。

有了陈处长这句话,我豁然看到了希望,再次向北京医保提交正式的调动申请,希望领导能批准我调去中化。

辞职和调动,虽然本质上都是跳槽离开原单位,但在90

年代，两者的含义却大不相同。陈处长也劝我一定要慎重行事。毕竟我已经在北京医保做到了科长，如果以辞职后一般职工的身份出来，中化这样的央企就不能接收，我会因此损失相应的职级和待遇，对个人发展来讲，转业后多年积累的干部资历就全部归零了。

我自己也很清楚，调动申请交上去，就等于宣告我在北京医保这近五年的职业历程画上句号。在北京医保的领导看来，我已经是一个要走的人，不再谋求在这家单位的进一步发展。我满心期待，领导不要再为难我，痛快地放我走就好。

可是这份申请交上去，又是石沉大海。

又是两三个月的时间，领导既没说不行，也没说行，我就眼巴巴每天在等待。这也是那个年代很多地方隐形的"规矩"，一个人的前途命运，很大程度上掌握在你所在单位的领导手中。领导没发话，你就只能等待，有多少人和多少事，就在这种遥遥无期的等待中，被折磨，被消耗。

那段在人生低谷中等待的时光特别难熬，我觉得自己好像被一堵无形的围墙困住了。最郁闷的时候不想让家人看到，我经常自己提着一瓶啤酒，爬到香山的半山腰的围墙垛上喝酒消愁，从午后坐到黄昏。面对夕阳西沉，我心里也在问自己：当初转业的抉择是不是错了？

如果我没有转业，仍然留在第二军医大学教书，享受着学校按级别分配的宿舍，就不会有这样的辛劳无助和困窘生活。我本可以一辈子站在受人尊重、令人羡慕的讲台上教书育人,不用给领导赔笑脸,不用四处奔波跑业务,也不用在生意场上应酬喝酒。那种曾经被我自己嫌弃一眼能望到头的生活,那种虽然单调平淡但是衣食无忧、稳步上升的职业,我的放弃,是不是一种异想天开的冲动、愚蠢?我人生抉择付出的代价,值,还是不值?

当时这些关系未来的问题,我都没有办法回答自己。现在回想起来,也是由于我这个人过强的自尊心,让自己承受了过度的焦虑和煎熬。当时我即使在家的时候,也总是呆坐在家里那部电话机旁边。我整天在等电话,等着铃声响起,电话另一端的领导通知我"来办调动手续吧"。

我这个人爱收藏一些对自己而言有特殊纪念意义的东西,如今我家里还有满满一面墙的书柜,里边放着我人生不同阶段使用过的物品,很多都是有回味意义的日用之物——包括这部电话机,它是我年轻时那段灰暗岁月里寄托希望的光。

但我一直没有等来我想要的那个"同意调动"的电话。

恩人雪中送炭

最后没办法,我实在不能忍受这样无限期地消耗等待下去了,就干脆又递交了一份辞职报告——不管你同意不同意,老子不干了。

我在辞职报告里的措辞非常强硬，因为内心里已经豁出去了，无论付出什么样的代价，我都要离开北京医保这个单位。到这份儿上，我也等于主动放弃了自己多年积累的干部资历，一切都要重新来过了。

按照当时人事管理的惯例，一个国企单位里主动辞职的人，档案里都会被明显标记上"辞职"印记——那还是人事档案内容影响一个人命运的年代。在北京医保办完辞职手续，手捧档案袋，我心里有一种解脱的感觉，但更多是对未来的迷茫和担忧：不知道将来新的用人单位领导，看到我档案上明显的"辞职"字样，会怎样看待我这个人。

命运的神奇转机，也恰在此时发生。

北京医保所在的那栋"北京外贸"六层楼里，还有另外两家市级外贸公司，北京市针织品进出口公司就位于5—6层。我办完辞职手续那天中午，刚好碰见针织品公司人事科的一位副科长。他是和我一批的转业干部，岁数差不多，我们在同一栋楼里工作这几年也混熟了。见面他就跟我打招呼："你怎么看起来闷闷不乐的，出什么事了吗？"

我说，我辞职了。

他很吃惊，马上问我详细情况。因为他做人事工作，很清楚辞职是罕见状况，更清楚一个人的档案里记录了辞职，会有什么不可预测的影响。

我俩聊了一顿饭的工夫。听完我的遭遇，他也很为我鸣不平，觉得就这样辞职走了，我个人的职级待遇损失太大。

想了一下，他说，现在还有个办法。

这位我人生中的好战友，在关键时刻帮了我一个大忙：他先把我调入针织公司，然后又办理了调往北京外贸系统人才中心的手续，并直接将我的档案发往北京外贸系统的人才中心。

这样我就是一个"调动"到人才中心，等候新的工作岗位的干部——对，我的干部身份得以保留，而不是变成普通职工。

我一生中多次在关键时期得到恩人相助，我都铭记在心。这些帮助具有雪中送炭的价值和意义，远远大过锦上添花。后来我也经常提醒自己，在力所能及的范畴里，要多做给别人雪中送炭的事，或许是帮助他人改变命运的转折。

我要感谢的另一位恩人，就是陈佩英处长，她成了我新的直属领导。当我从北京医保出来，中化仍然不能接收我。因为我是学医出身，不是科班学外贸专业的。那个年代中化总公司招聘的员工，几乎都是对外经贸大学或者其他一流高校外贸专业的毕业生。陈处长当时管理的部门，因为业务繁忙，有权限聘用编外人员。她就问我：能不能接受"临时工"的身份和月薪500元的待遇，先进到出口三处工作？毕竟我在北京医保已经做到了科长，月薪1800元，如果以这种"临时工"的方式到中化来工作，且不说收入的大幅下降，单是心理落差的调适，也都是一道巨大的"坎"。

但我不假思索，立刻回答：行！

我心里很清楚，自己已经再无退路。

第五章
从临时工到高管,我依然相信天道酬勤

半张 A4 纸,临时工起步

中国化工进出口总公司成立于 1950 年,就是如今的中国中化集团公司的前身。中化集团的业务范围涵盖能源、化工、农业、地产和金融等行业,旗下还有中化国际、中国金茂等多家上市公司,是一家在全球拥有数十万名员工的超大型央企,也是最早入围《财富》世界 500 强榜单的中国企业。

1993 年 7 月,我以"临时工"的身份,加入中化化工品公司出口三处,在陈佩英处长的领导下,开启了一段全新的职业生涯。一直到 2011 年春天辞职离开,我在中化集团总计工作了 18 个年头。这 18 年对我个人而言,从三十而立到年近半百,是人生的壮年,也是我整个职业生涯中最为跌宕起伏、浓墨重彩的一段。据我所知,在中化公司发展史上,从临时工起步,历经国际贸易、产业投资、酒店管理、资本市场、跨国战略运营、产业整合等诸多行业历练,做到高管的,迄今只有我一人。

入职的时候,我没有资格和中化签正式的劳动合同,陈处长拿出了一份协议:

协议书

一九九三年六月二十九日

中化国际化工品有限公司出口三处（甲方）因业务需要，聘用毛嘉农（乙方）为三处业务员。聘期为一年（九三年七月一日至九四年七月一日）。聘用期间乙方每月工资为500元（不享受公司正式职工的其他待遇）。

乙方在受聘期间必须严格遵守公司的各项规章制度。

甲方在本协议终止前一个月将根据乙方的工作表现考虑是否顺延一年。同时，甲方将视考评的成绩，按中化公司（92）U01/087号文的规定，积极考虑将乙方调入中化公司为正式职工。

甲方：陈佩英　　　乙方：毛嘉农

这份我和陈处长签字的协议书，只有半张薄薄的A4纸，我一直珍藏至今，这是我在中化18年职业生涯的起点。

我说"跌宕起伏"并非虚言。如前所述，如果说1988年从部队转业到北京医保工作，是我第一次跳出"舒适圈"，把自己置身于一个陌生、复杂的职场环境中从零起步的话，那么1993年从北京医保辞职到中化总公司，就是又一次"破釜沉舟"，绝地重生。

没日没夜干私活儿

这段低谷时期之所以让我刻骨铭心，是因为当时的我，从生活到工作，可以说是内外交困，疲于奔命。我女儿出生回京后，没有"外援"帮助，每天的家务劳动让我们夫妻手忙脚乱。我在这个时候又变动工作，从月薪 1800 元的科长跌落至月薪 500 元的"临时工"，想从物质上改善家里的条件也是有心无力。

我记得孩子出生后，孩儿她妈奶水不足，就用当时最好的进口"力多精"奶粉补充。进口奶粉很贵，我从工资里省下来的钱基本都用来买奶粉了，就想让孩子吃得好一点儿。其实如果那时候家里能请个保姆的话，就可以极大缓解我们两口子的疲劳状态，但请不起。

1993 年，国内老百姓家里有傻瓜式照相机的已经不少，但小型手持摄像机还是个非常稀罕的高档消费品。我和爱人都希望能把孩子从小到大成长的点滴记录下来。当时有一款进口的松下卡带式小摄像机，售价将近 3000 元。

为了实现这个愿望，我们两口子一起接了个私活儿。

1992 年小平同志南方谈话后，中国加快了改革开放的步伐，有越来越多的外企进入中国。我有个大学同学转业进了一家国际知名的制药外企。他们有一款进口药品想要进入中国市场，需要给中国的药监部门提交大量的药品资料以供审核。一种药的英文材料就厚厚的一大沓，像一本书。

我们夫妻俩接的私活儿，就是帮他们把药品资料全部从英文翻译成中文。我们俩都是药学专业的，对资料内容很熟悉，只是工作量相当大。我们就把下班之后、带娃之余的时间全投入进去，没日没夜地翻译了三四个月。干完这一票私活儿，我们挣了 800 美元，就用这个钱买了一台松下摄像机。

伴随孩子慢慢长大，我用这台小摄像机和原有的一台小照相机，记录下了家庭生活中的很多美好、幸福的时刻。我经常翻看这些影像，在我最困难的人生低谷时期，这些美好的记录让我想起很多开心的事情，忘却烦恼，它们一直是我克服人生艰难困苦的精神支柱。

干最多的活儿，挑最重的担

回到工作中来说，其实除了不得已让我以"临时工"身份加入中化，收入和社会地位相应大幅下滑，中化的工作环境以及我整个人的精神状态，比之前在北京医保的时候都好了很多。我们部门基本都是年轻人，人际关系融洽，大家工作的时候团结协作，生活上互助友爱。

中化当时的福利待遇是很好的，我们同事很多都是刚大学毕业的年轻人，住在公司的集体宿舍里。他们把每个月公司发的米、面、蛋、油集中起来，送给我这个"编外人员"。

我们科里有个同事叫汪伟，如今定居在美国，每次她回国相聚，依然习惯管我叫"小毛"。

我问她还记不记得，当年给我送过好多鸡蛋。

她说那么多年前的事，早都忘了。

我说我可没忘，上世纪90年代，科室同事送的每一个鸡蛋、每一桶油、每一包米和面，对我来说，都是雪中送炭，我永远感恩于心。

有了和谐舒心的工作氛围，团结友爱的领导和同事们，我自然知恩图报，更加努力工作，要为公司和团队创造更好的业绩。陈佩英处长当时看中我的一点，就是我既有医药专业科班出身的背景，又在北京医保有从事医药外贸业务的实践历练。中化总公司当时也在探索改革转型，在传统的化工品贸易业务之外，医药业务被看作一个重要的增长点。

我把自己过去积累的知识、经验、人脉，包括客户和供应链的资源，都拿到中化这个平台上进行整合，夜以继日地努力工作。我们科一共五个人，我工作阅历相对资深，义不容辞地肩负起多创造价值的责任。1994年，我以唯一一个"临时工"的身份，被评为中化总公司的先进工作者。我一个人的业绩，占了我们全科的70%以上。

一方面，我要用业绩体现自我价值；另一方面，我也要回报陈佩英处长的知遇之恩。

另一位铭记的领导是当时中化公司人事处处长郝桂玲。她听陈处长说起"我们处里的小毛工作很努力，家里生活有些困难，现在还是临时工"，就也把我挂在心上了。1996年初，正好中化和军事科学院合作搞了一个生物医药项目，这个项目需要既懂医药也熟悉军队情况的专业人才，郝处长就把我作为"特需人才"引进到中化这个项目组，让我获得了"临时工转正"的宝贵名额。

1996年是我们国家开始实施执业药师资格认证制度的第一年，我也抓住了这次机会，报名参加了国家药监局举办的执业药师资格考试培训班，拿下了首批培训考试的资质。到了第二年，我又继续参加国家药监局同大连理工大学合办的医药行业知识产权函授班。这些都是需要公司人事部门审批同意的进修，郝处长也都很爽快地给我开了绿灯。后来我终于通过全部考试，拿到了国家卫生部注册执业药师的证书。有了我执业药师的在职注册，中化化工品公司也相应具有了经营医药品的合规资质。

这样从1993年中进公司，到1996年初转正，我在中化当了两年半的"临时工"。转正以后，我因为出色的业绩表现，被任命为出口三处三科（医药科）的科长。

我用了两年多的时间，重新恢复的不只有职务身份，还有自己对于职业生涯从零起步的信心，对于"天道酬勤"的信念。

我重新当了科长以后，一方面继续努力抓业绩提升，以身作则干最多的活儿，挑最重的担子——我认为这是任何一个团队，无论大小，带头人应该做到的本分；另一方面，我是从基层一步步干起来的，深知要激发每个人的工作积极性，合理、有效的激励机制不可少。过去在统一的计划经济体制下，我们的很多国企、央企是大锅饭制度，说得好听叫"一碗水端平"，但实质是干多干少一个样，不利于每个人自身主观能动性的发挥。所以当时我们科里我牵头制订的奖金激励制度，就是鼓励大家都去拼业绩，多劳多得。当然，因为我是科长，又是业绩表现最好的，更要关注激励制度在团队利益公平分配上的效益发挥。在整体的奖金额度上，先从总额中划出50%作为团队福利的基础，剩下的再按比例奖励给个人。目的就是既让团队成员之间形成合理的竞争，又让新人感受到团队的温暖，大家齐心合力，共同创造价值。

当君子碰上流氓

上世纪90年代中期，我们国家的市场经济建设，还处于起步搞活阶段。各行各业都是快速发展，存在很多不规范甚至是处于灰色地带的做法，这是那个年代的特点。我所在的外贸行业里，也是鱼龙混杂，处理过很多棘手的问题。

当年有位女同事负责出口一家位于无锡的制药厂生产的抗生素原料药。当时货源紧俏，供货方占据市场主导地位。

厂家销售科姓Z的科长很强势，我印象颇深，他连名片都是黑色的。他们收了我方预付的货款，一直拖着不给发货。

医药外贸业务一般都是每年年初就跟供货方签订好合同，双方确定好年度供货数量、价格、交货期，届时提前把预付款打过去，生产厂家收到预付款安排生产。但市场行情总有波动，货源紧俏现象时常出现。无锡这家药厂销售科长就有了可以"寻租"的权力，谁给他好处，他就优先把货发给谁。而我们外贸公司这边已和外商签约，如果不能按期发货，我们就要承担违约责任。

有一年同事向我反映，说无锡制药厂这批抗生素又给延期了，已过约定交货期两个月，供货厂家三番五次找借口拖延，既不给货，也不退款。我详细了解了情况，判断对方以"耍流氓行为"欺负我们，决定和同事一起去无锡，会会这个强势的销售科长。

到了无锡厂家的销售科，Z科长一听是我们这边来人，先是让他手下的人出来推诿，不肯见面。我们等了两天，终于跟他见上面了，他又开始扯皮，讲一堆虚头巴脑的理由，核心意思就是发不了货。

我说，发不了货也行啊，你把我们的预付款先退了。

Z科长说，现在账上没钱，货款也退不了。

我一看他这么说，心里明白，这是碰上流氓了。

对付流氓，那就不能再用君子那套办法，别忘了咱小时候也是和胡同里浑小子们混过的，从来不怕流氓。我计上心头，和Z科长告辞后，给我认识的一个朋友打电话。

朋友从部队转业到无锡公安单位，我把大致情况一说。他说，还有这么流氓的啊。我说可不是嘛，所以请你出手帮个忙——那家药厂附近有个饭馆，你就把带有公安标识的车停在那儿，等里边有大动静，你就进来。

安排妥当后，我又给Z科长打电话，约他出来吃个饭。

一听说吃饭，他说好吧，大概觉得我是准备服软送礼了。

我就让同事先回旅馆去等消息，我一个人去饭馆，点上一桌子菜和几瓶啤酒。

中午，Z科长来了，我们边吃边闲扯。我说：这样啊，Z科长，咱们都是爷们儿，这里也没别人，我就直说了，今天公司这个事情，我是一定要拿个结果回去的。要么你把货发了，要么你把款退给我，今天开张汇票我带走，咱们就两清了。

他喝着酒，摇着头说，办不了啊！

我说，那你就别出这个门了。

他说，什么意思？

我拿两瓶啤酒搁在桌上，说：这有两瓶酒，咱俩一人一瓶，轮流砸对方脑袋。我可以允许你先砸我。一人一下砸完，这事就过去了。

他瞪着我，也不动，说，没有这么干的。

我说，这是我解决问题的方式。我数三下，你要不砸我，就该我砸你了。

一，二，三。

他还是没敢动，大概也觉得我在吓唬他。

数完三下，说时迟那时快，我起身抄起一瓶啤酒就往他头上砸去。他本能地一闪身，我这瓶酒砸桌角上，"砰"一声就碎了。他"哎呀"一声，吓得蹦了起来，呆呆地站在原地。饭馆里的食客都吓一跳，很多人放下碗筷就往外跑。

我低头一看自己手上流出了血，碎裂的啤酒瓶子把我手划破了。

这家伙被这一下真砸吓尿了，说，报警。

我冷静地说，没问题，警车就在门口。

正僵持着，我那公安的朋友穿着警服推门进来了，说：怎么回事，打架啊？

我说警察同志，一点儿小事情，咱们出去说。

随后就跟公安的朋友往饭馆外面走，临走我给Z科长撂下一句话：没拿到结果，我不会走的。

这个Z科长就傻站在那儿，看着我出门上了警车。

当天下午，在旅馆等候的同事就收到了药厂派人送来的一张汇票。我们成功拿到了退回的货款，胜利回京。

远赴古巴，从谈判桌到餐桌

解决这件事以后，我的"英勇事迹"就在公司内部传开了。我们科里的同事都对我的办事能力特别信服，其他部门的人也都知道，三处三科毛嘉农挺厉害，为了公司的事儿，那是真敢玩命啊。

按我的原则，办事就是先礼后兵。我先给你摆事实讲道理，这是君子之道；你要装无赖、耍流氓，那咱就"无毒不丈夫"了。我的核心理念就是在工作中，必须尽力维护公司集体的利益。我这种解决问题的方式可能值得商榷，特别是对于不同类人、遇到的不同问题，要有相应的灵活策略，不能一概而论。关键是追求结果，解决实际问题。

外贸是两头工作，一头国内，一头国外，解决问题的方式、方法都要因地制宜。

当时中化总公司承担对古巴的"记账贸易"。古巴长期受美国经济制裁，无法使用美元开展国际贸易。古巴盛产蔗糖，他们就用蔗糖来交换中国的货物。中国银行设立了古巴贸易结算账户，以记账对冲的方式，用古巴蔗糖进口折算留存美元，支付中国企业对古巴出口的货款。我们部门当时负责对古巴出口的西药原料和医用敷料业务。我因公出差唯一的一次去古巴，就是去处理出口货物的质量纠纷。

那是1996年的11月，古巴医药公司反馈：海运到货的一批维生素C原料粉里存在不明小黑点，要求我们给出解释，并提出退换货要求。随后古巴医药公司驻华代表处传来了货物的照片，照片显示白色原料粉中的确存在小黑点，但无法判断小黑点的成分，我们提出让对方再寄回一些样品。

收到寄回的样品，我们前往这批维生素 C 的供货方北京制药厂，与厂方质检人员一起检测这批出口到古巴的样品。在同时复检同批留样后，检测结论是：各项品控指标是合格的。

我就奇怪，问那"小黑点"是什么东西。

质检主任解释道：小黑点其实是药用标准活性炭颗粒，其在原料粉生产过程中起到脱色、吸附杂质的作用。此批产品是依据中国药典 1995 版标准（CP95）生产的。CP95 检测生产精制工艺过程中药用活性炭残留的方法是：一张 A4 白纸对折六次打开来，纸上的折痕将得到 64 个方格。取 10 克样品颗粒，均匀平摊在这张纸上。如果每个方格里的活性炭颗粒数量不超过两个，按照中国的药典检验指导标准，这就是合格。

质检主任进一步说明：此批维生素 C 原料粉含量等各项品控指标肯定是达标的，客户要求完全没有任何杂质的产品，就要再加过滤程序，生产成本就上去了，价格就要相应提高。

搞清楚了问题原因，接下来我们需要亲赴古巴现场验货，并与对方医药公司专业人员进行技术性解释交流。经中化总公司批准，我和同去处理其他贸易纠纷的郑科长，特邀古巴驻华使馆一位西班牙语翻译老陈，三个人一起前往古巴。

抵达位于古巴首都哈瓦那的古巴医药公司会议室，没想到古巴卫生部副部长带着十几个人，将会议室坐得满满当当，等待着和我们会谈。

中国是古巴最重要的贸易伙伴，我们是中国的央企，在古巴人看来也代表中国政府，所以礼节上非常重视。我们为这次会谈沟通也做了充分积极的准备，比如提前把中国药典中关于药品检验标准的规定翻译成西班牙语并打印成册。同时还专门加印了西班牙语的名片，上面特别注明了我的专业身份：中国国家注册执业药师。由于双方会谈人员级别差异较大（对方是部级，我方是科级），我多少还是有些紧张。

事实证明，古巴人对我这个专业药师所做出的坦诚、专业的说明，还是理解、信服的。我真诚地说明：中化公司是负责任的企业，这批药品粉末里确实存在药用活性炭颗粒，这是由过滤工艺造成的，药用活性炭残存的颗粒数量符合交货约定的中国药典质检标准，此批维生素C原料粉在古巴用于制成维生素C口服片剂是合格和无害的。如果古巴方面坚持需要无药用活性炭杂质的产品，我们可以做退换处理，但去除杂质的货物价格也将相应变动。

最终古巴方面接受了此批货物用于制造口服维生素C片剂的解决方案，纠纷得到圆满解决。

有意思的是，经过这次打交道，我们跟古巴医药公司的人也熟悉起来，很多人都成了朋友。此次从中国动身去古巴之前，我们还精心准备了很多礼品，结果托运的礼品纸箱在墨西哥转机时，全给窃贼偷走了。

我们只好两手空空去谈判，但古巴人丝毫没有计较这些，他们都很朴实、热情。古巴虽然经济发展困难，但受教育的水平普遍较高，参与会谈的人员几乎全是硕士研究生学历，每个人都很专业，讲道理，认科学。所以他们一看我的名片，执业药师，OK，这是专业人员，对我们很尊重。

两个多小时的会谈在友好的氛围中结束了，我方三个人表示，想请对方团队帮助选个地方共进晚餐。古巴人商量了一下说：可否去吃自助餐？我们马上请翻译老陈在中国驻古巴使馆商务处的同学帮忙，预订了哈瓦那最好的一家五星级酒店自助餐。古巴当时最好的酒店自助餐，每个人收费15美元。对方一共有十五六个人，加我们三个中国人，长条餐桌两端坐得满满的。

席间，双方互致热情洋溢的问候，特别是几杯红酒畅饮之后，现场气氛很快就活跃起来。原本一个个西装革履的商务人士，都开始脱去外套，搭着肩膀畅饮热聊。那时餐厅就我们一拨客人，打点好餐厅经理和招待，红酒无限量供应，极大地激发了拉美兄弟姐妹奔放的情绪。最后竟然有人在餐厅拉丁舞音乐和大家热情的鼓掌鼓励下，脱鞋上桌，跳起了激情的拉丁舞，整个餐厅里像过起了狂欢节。

老科长说，管理是一门艺术

在上世纪90年代能够有走出国门的机会，到欧洲、美洲、东南亚等的不同国家去感受异国文化，对我视野的开拓和认知维度的提升大有益处。所以我一直觉得只要条件允许，应该多出去体验一下外边的世界，包括我女儿长大后，我也是送她出国留学。不过在中化工作的那些年，我出国基本都是参加行业展会、拜访客户，日程安排很紧凑，几乎没有充裕的时间去体验异国他乡的风土人情，尽管到过的国家和地区为数不少。我日后完成地球上九个极点"7+2极限探险"，也算是努力弥补了当年这些遗憾。

中化的医药业务一开始从我们这个小科室做起，业务范围很快就从西药原料拓展到医药制剂、医用敷料、医疗器械以及更多与医药相关的化工产品。我也一步一个台阶，逐步提升职级，1997年4月起担任中化国际化工品有限公司出口七处的副总经理（副处级），1998年9月成为中化国际贸易股份有限公司业务六部的总经理（正处级）。

在管理岗位上越往上走，对一个人的管理思维的要求就越高，包括对企业运营战略的理解。我是药学专业出身，领导风格属于偏技术型的，慢慢我也意识到，管理学是另一门专业的学科，要形成系统化管理的逻辑思维，应该进行专业学习。从1997年到2000年，我用业余时间自费完成了大连理工大学管理科学与工程专业在职硕士研究生学业，拿到了管理学硕士学位。

记得有一年在广交会上，我又碰到以前北京医保的一位老科长。聊天的时候他说，我们过去这代人往往是技术出身，做领导之后，在企业管理方面需要补很多课。外企在大批量加入中国市场的竞争中，中国企业也在不断走出去，我们的管理思维，不能总沿袭过去计划经济下的传统习惯，否则一定会被淘汰的。这方面我深有同感，尤其是出国看到国外企业先进的管理模式，以及对比国内同行的反差。1998年，刘德树先生从中国机械进出口总公司调任中化集团总裁，他很推崇通用电气的传奇 CEO 杰克·韦尔奇的管理思想。那段时间我也买了很多与杰克·韦尔奇相关的书来看。

我那年35岁，之后20多年的企业管理经历让我真切地感悟到：管理是一门艺术！

顺风顺水，我却写了辞职信

1997年5月，我终于在中化分到了房子。

说是分房子，严格来说也是买房子，因为商品房制度改革已经推行了，我至今还保留着当时中化"房改办"发给我的一张"中化职工购房一次性付款通知单"。那张单子上写着：

概算购房金额：60550.77
96年已交购房定金：18200
第一次付款金额：36330.46

个人住房公积金可动用部分：21300

本次实际应交金额：15000

房子在定慧东里，是一套 60 平方米的小三居。那是真正意义上，我个人拥有的第一套房子。

收房子的时候，我开心得像个小孩，手舞足蹈。这套房子的所有装修都是我自己设计和监督施工的，从小我就喜欢木头，房子装修也用了大量的原木材质。我女儿当时还很小，我就给她设计了一个儿童房，女儿的床是木制的上下铺。后来我们全家住进这套房子，我还买了架钢琴给女儿练习。现在每次翻看当时在这套房子里拍的照片，一家人欢笑的情景还历历在目。

有时候想想人生际遇，也真是感慨万千：从 1993 年因为分房问题感觉自己所受待遇不公，从北京医保负气出走；到 1997 年在中化终于拥有自己的房子，人生从低谷中爬起，又奋进到事业的上升期、家庭生活的幸福期，也不过就是短短的三四年时间。

谁能想到呢，1999 年 8 月，我又写了一封"辞职信"。

中化国际贸易股份有限公司

罗东江总经理：

您好！

在我辞去您所聘任的职务之前，作为一名中共党员，为了公司前途；作为部门经理，为了部门全体同志们的长远利益；作为一名退役军人，为了维护自身的尊严。进言如下：

首先，我冒昧向您提几个问题：

1. 您对目前公司中层以上管理者的满意程度是多少？您认为最不满意的是哪一方面？

2. 作为总经理，您所欣赏的管理者应具备的最主要的素质是什么？

3. 您认为目前公司推行机制改革最难解决的症结是什么？

4. 作为中化的老职工，您认为中化公司"能源"浪费最大的形式"内耗"问题解决得如何？

上述问题您也许被问过许多次（可能从未有下属直截了当地向您提出过），但我认为您所作出的回答对公司的前途至关重要。

自（19）93年7月份到中化工作，公司总裁级领导我接触甚少（甚至至今精细化工分公司其他部门的人员名字还对不上，这是我的弱项）。唯一一次有幸受G总接见，内容还是说服我给"过渡领导"当副手，也许领导看中的是"军人服从的天职"。我注重工作环境的好坏与否程度高于工资待遇，正是为此，我辞去医保公司业务科长的职位，应邀聘用于中化公司。陈佩英处长的知遇之恩、为人宽厚，激发起我工作的极大热情，使我克服家庭困难（小孩出生3个月，家住卢沟桥附近），勤奋工作，连年成为全处创利、创汇个人第一。多年来亲身的感触以及MBA学习的提高，使我在担任部门总经理职务一年多来，将"以人为本、营造一个团结互助、上下沟通、气氛融洽的工作环境"作为激发大家工作热情的主要方式之一。去年底公司减薪调整，而创造较高效益的我部全体同志们，在新的一年里仍保持很高的工作热情和无私的奉献精神的事实证明，效果很好（与其他部门各自为战的管理模式相比较）。说明并非只有高额奖金才会促进形成较强的团队凝聚力。

到中化公司工作以来，我一直耳闻、目睹有关管理/职能部门与业务部门的内耗给公司发展带来的负面影响。任部门经理后，这种感觉更为深刻，同时，不可避免地卷入其中。事实上，这种内耗升级造成公司损失后，有关部门为"讨个说法"而打起内部官司。结果呢？自然多是"近水楼台"的管理/职能部门百辩获胜，业务部门不光挨尽板子，连辩解的机会都没有（有的级别不够，有时定性文件已批复下发）。可是，有一个不解之谜是：官司往往是业务部门提交仲裁的，如果其明明知道是由其管理不善造成的损失，能主动申请曝光、挨板子吗？因此仲裁者应该客观公正地分析职能和业务部门长期内耗的根源：其实问题很简单——如何摆正自身位置。如果双方都能理解"纳税人与政府公务员之间的关系"，各自的位置就不难摆正了。我们现行的许多改革、调整的措施，其方向、目的均被全体同志认可为对公司发展是有益的，但执行过程中就走了样。分析原因有二：

一、措施制定过程中与相关部门反复征求意见、切磋不够，一厢情愿，与实际操作脱节成分较大，导致在实行过程中问题百出，反复修改，严重影响了基层执行者的积极性和工作热情。

二、管理/职能部门在措施执行过程中总是充当发号施令的管理者角色，监督管理意识极强，服务、指导作用很差。业务部门人员对此反感情绪极大，这对公司有关措施的执行效果影响很大。如果公司管理/职能部门有朝一日真能放下架子，在其所制定的各项政策、措施中真正让业务人员切实感受到"为业务一线服务，向业务一线倾斜"，公司各项好的设计才能完全被转化为预期的效果。要达到上述目的，部门管理者的素质因素极为关键。我一直认为：一个人的能力可以在工作中得到锻炼提高，但人品正、工作责任心强是必备的前提，尤其这应是管理阶层所必备的素质。整天只是虔诚地将领导的发言一字不漏记下，一字不漏地传达，处理问题首先考虑"乌纱帽"、"和稀泥"、摆脱责任，关键时刻毫无"知恩图报"、主动地替领导排忧解难之心，甚至阳奉阴违，这样的管理者您满意吗？业务部门有各项任务指标月月考核，管理/职能部门的考核，业务部门有发言权吗？他们的考核指标量化程度多大？工作压力是否紧密与领导和业务部门的压力联系在一起？中化宁波这方面解决得很好，他们的经验不值得借鉴吗？在实施关系到全体职工利益的措施、规定时，您有否考虑过可能产生的效果？（得到哪些"人心"？同时又失去哪些"民意"？得到的"人心"是不是公司发展的主要基石？）

还必须一提的是人力资源管理、开发、系统培养问题。人力资源部的工作非常重要，对人员素质要求很高。我感觉公司在这方面要做的事很多很多。人力资源工作是具有情感成分的，情感的沟通、交流贯穿日常工作、生活之中。最有效的工作方式是首先对各中层管理者进行科学的人力资源管理知识培训，使之配合人力资源部对现有人力资源进行有效重组、挖掘。

股份公司的整体改革必须有相适应的激励机制配套同步进行，激励措施的制定应再"大胆"一些，不要看人家拿多了心里就别扭，否则大家在社会上横向比较后会产生较大的不公平感，很难拢住业务骨干。

近年来公司业务中出现许多失误案例，加以分析，大多为简单、类似错误在不同部门、不同人员身上的重复。因此，案例培训、经验交流是目前可行的、必要的培训方式。

在中层管理者聘用过程中,我认为应实施岗前考察(资历、业绩、能力等方面相对客观的综合摸底)、待聘者提交在任期(两年以上)的规划/目标、征得任职部门全体职工的认可报公司聘用的程序。这样可加强监督、制约机制,防止频繁变更影响公司规划执行的延续性,提高领导在用人方面的威信。管理者一经聘用,要将有关职责和权益一同明确和赋予。上下级要定期沟通,达到彼此信任、尊重。在处理问题时各方面当事人的意见均需认真听取,避免因误断而挫伤工作积极性。

我不善于权势,更不愿为达到某种目的违心地取悦他人。但这一年多来,在其位必须谋其政,明明是其他部门因责任心问题导致的过失,为了减少损失、尽快解决问题并且不挫伤业务人员的工作热情,业务部门还必须和颜悦色,在保护对方面子的前提下求其弥补、更正。否则,在双方均有过失的问题解决过程中,常常为责任的划分问题争个你死我活、旧账算尽,结果往往使时机错过,倒霉的是业务部,损失的是公司。

……(此处略去涉及公司具体业务的部分内容)

我今年已过36岁,趁还年轻,希望能有更多的精力多学习各方面新的知识,不断地充实自己,为公司医药事业的发展尽职尽责。

我作为公司唯一的注册执业药师,近年来一直在根据我们自身的特点关注、规划、开发、培育医药业务新的贸易增长点。这是我的长项。我希望在这方面得到公司领导的支持,并让我有更多的时间和精力实施有关医药领域的发展计划,为公司今后的目标实现奠定基础。同时,我真诚希望您在百忙之中对我进行批评指正,使我得以在各方面不断提高、成熟。

上述内容不妥之处,望谅解、指正。

业务六部 毛嘉农

1999 年 8 月 6 日

这封信是我写给时任中化国际贸易股份有限公司(又称"中化国际")总经理罗东江的,我还在末尾注明"给您个人信函,希望不要公开"。

我自己对 20 多年前写这封信的自己,评价是四个字:以退为进。

乍一看,这封信的语气强硬,措辞犀利,甚至颇有些不客气——上来就直愣愣地向总经理提了四个问题,还都不是简单的小问题,这是做下属的人能问出来的话?我相信,如果换一家公司、换一个领导读到这封信,可能会火冒三丈,甚至兴师问罪:你想辞职?好,立刻批准!

但当年的罗总读到这封信,没有生气。

不仅没有生气,我在这封信里直陈的一些企业弊病、内耗现状,他还真的听进去了。之后不久,他就做出了一些改革和调整的举措,展现出了一个虚心听取下属意见,并且勇于做出改变的领导者风范。

甚至对我个人，罗总也没有责怪。相反，他看到我在这封信的最后表示，希望能有更多的时间和精力去实施医药领域的发展计划——这个发展计划，是符合中化公司当时提出的发展战略的。那么我这封信如果换一个角度看，就不是辞职信，而是请战书。一个主动跳出来想要承接重担的员工，难道不值得鼓励吗？我不知道罗总本人当时是不是这么想的，但事实是，他后来满足了我想要另辟蹊径的愿望，对我的岗位做出调整，把公司研究探索在医药产业投资的任务交给我。1999年12月，我出任中化国际业务发展部总经理，承担公司医药业务投资发展目标的研究、评价等职责。2000年9月，我又被任命为中化国际投资事业部主持工作的副总经理，负责公司战略规划的制订、投资项目的筛选、投资项目的组织实施以及投后评估等。

幸运的是，罗东江总经理读懂了我这封信。而我写这封信的目标也实现了，就是"以退为进"。

再看一下我在这封信里指出的，很多企业在日常运营管理中都可能存在的典型问题，主要就是公司职能部门同业务部门之间的对抗和制约。华为创始人任正非说过"让听得到炮火声的人做决策"。在市场中竞争的企业也像一支军队，一线的业务部门人员最了解市场上发生了什么，前方面对的客户和后方面对的供应链到底出现了什么问题。公司的职能部门原则上应为业务部门提供决策参谋、支持服务，而不是反过来去利用职权干扰、制约业务部门。企业部门之间的相互制约，目标是控制运营风险，更有利于企业的健康发展。

那么，既然是建言献策，为什么我一上来又用了"辞职信"这样一个名目？这也是出于一种破釜沉舟的心态。当我决定向公司高层反映这些问题的时候，心里也很清楚，在任何地方，敢于说实话、说不中听的话的人，都要承担风险。何况我这封信写给中化国际的总经理，我跟他之间还隔着好几个层级，这实质上是越级汇报，又犯了职场的一大忌。所以，我只好以"辞职"的名义开头，既希望引起领导的重视，又把最坏的结果摆在前头——如果我反映的问题没有得到领导回应，那大不了我就走人嘛。经历过两次职场跌宕起伏的我，当时有一个信念：在任何时候任何地方，我都不惧怕从零开始。

后来，当我也走上更高的企业领导岗位，我还保持了一个习惯，就是喜欢跟离职的员工聊聊天。我觉得，我们不必苛求每个员工都对企业吐露真言，人在屋檐下的时候，难免因各种顾忌而明哲保身，不敢说实话，不愿得罪人。但是当员工离职了，原公司对这个人的约束已经不存在，这时候去找人家聊聊天，企业管理者才有可能听到一些自己在平时听不到的话，发现一些更接地气的真实情况——这也是我在多年的企业管理实践中摸索出来的经验之一。

当然，话又说回来，像我写这封"辞职信"的行为，不建议效仿。一方面，不是每个领导者都有罗总这样的胸怀雅量，能容忍员工这种越级和冲撞；另一方面，也不是每个职场中人都像我这样，能够承受不可预知的风险，甚至一切清零的代价。世上难寻完全相同的境遇，他人的经验都仅供参考，不可照搬。但只要心胸坦荡、公心为上，个人目标与组织目标方向一致，获得上层领导理解和包容的概率是较大的。

实际上，我当时写这封信，还因为我看到了一个机会：罗东江来接手中化国际总经理的时候，正值中化集团要推进市场化改革，并把中化国际的四大业务板块剥离出来筹备独立上市。罗总是带着集团更高层领导交派的任务，来开垦中化国际这块改革试验田，打造改革的先锋部队的。既然是要改革，那么改什么？怎么改？一定是要找出影响企业发展的瓶颈，一定需要更多人站出来承担责任，实施改革方案。我的举措看似冒进，实则"顺势而为"。

或许是同为退役军人，罗总很欣赏我这种"直脾气"。后来我听说，他在集团班子会议上评价过我，"毛嘉农这个人，敢说话，能打仗"。日后正是他对我的这个评价，让我一次又一次地被集团决策层委派担当"空降兵"和"救火队长"，去直面很多紧急而又棘手的任务。几年后，时任中化集团第一家上市公司中化国际董事长的罗总，在我任董事会秘书的年度述职报告上批示：

本报告尤其最后部分，正是所谓"毛嘉农风格"。

第六章
职场生存术：从"空降兵"到"救火队长"

做投资，我是付过学费的

从 1988 年军校转业到北京医保，到 2000 年我的职位调整到中化国际投资事业部之前的十多年，我都一直在医药领域从事外贸业务工作。而当我因敢于谏言，从而被领导委派担任更具改革和战略规划性质的职务时，我的工作内容也发生了本质的转型：从商品贸易转向产业投资。

说起"投资"两个字，我是付过较大一笔学费的。早在中化国际化工品公司出口三处三科工作时期，我经手过的一个投资项目，失败了。

当时一些主营的医药原材料外贸产品，由于货源紧俏，供货极不稳定，迫使贸易商谋求向供应链的上游延伸，比如收购或投资建设一些紧俏医药原料货源基地。

当年的紧俏商品之一叫"痢特灵"，化合物学名叫呋喃唑酮，是治疗痢疾、肠炎等消化道疾病的药，在外贸市场上需求量增长很快，经常缺货。经考察，生产呋喃唑酮的化工原料，大多经过北方某市，从那里集中运往全国各地。

1997 年，该市政府招商引资，找到中化，我们领导也一起实地考察，从生产技术、工艺流程、专业人才、地理位置、能源配套、原材料供应、成本测算等各方面研究确定在该市工业区建设一个呋喃唑酮原料生产基地。当地政府也开出了优厚的条件，在土地税收减免优惠政策基础上，如果中化投资200万元，地方政府给配资200万元。有加起来400万元的启动资金，就可以把厂子建起来。按当时的市场行情，只要工厂投产，正常运行的话，两年左右就能收回全部投资成本。

从可行性研究报告中的财务测算来看，这是一个很好的"短平快"投资项目。可我们忽视了地方的营商环境、商业主体信用度等人为因素的影响，最终导致事与愿违。

在我们刚开始去该市考察时，因为我们是央企，当地政府表现出非常热情的欢迎态度，市领导们都出来接待，还把当地银行行长也叫来，当场拍着胸脯承诺，给我们专款专贷，尽快落实。双方很快达成协议，中化的启动资金200万元，也打到了我们和地方政府合资设立的账户。

之后近一年，当地政府承诺的200万元配套启动资金迟迟不到位（据悉在前任主管市领导调任后，此项专贷被挪为他用）。用我方资金建设的厂房及生产设施，也被当地合作商抵押，所获贷款挪作私人企业周转使用。无奈之下，我们启动司法程序，最终仅追回账上剩余的20余万元，当地抓了几个涉嫌经济犯罪的当事人。

此项投资以惨痛失败告终。

后来我们复盘思考这个项目，总结出很多沉痛的教训。

从大的社会经济环境来说，上世纪 90 年代中后期，正是国企改革的攻坚时期，壮士断腕，大量效益低下甚至资不抵债的国有企业关停并转。尤其是东北三省老工业基地，很多工人下岗失业，形成了各种严重的社会问题。那么像招商引进一个药厂这类事情，在地方政府的案头，其实工作的优先级是往后排的。我们那被挪用走的投资款项，很可能是政府用到了其他更火烧眉毛的社会民生问题上。

另一教训是：做投资的前提是建立系统的风控意识。作为项目的推动者，都希望自己的辛苦付出能被决策者审核通过，往往会突出项目"诱人的优势内容"，淡化潜在的风险和不确定性，影响项目的成败要素排序也有失客观，导致提交的投资项目"可研报告"（可行性研究报告）做成了"可批报告"，忽略了很多潜在风险因素防范及止损措施的细化研究，最终酿成苦果。

有过上述投资失败惨痛经历的我，被委派担任中化国际投资事业部主持工作的副总经理时，心里是忐忑不安的。我知道投资这件事很难做，不仅是一开始选择投资项目和考量风控很难，到后期组织实施，实现良好的回报率，让资本顺利退出更难。因为市场风云变幻，今天大家都去争抢的项目，也许没过几年可研报告中的利好因素发生了根本变化，届时止损都困难。做投资项目，需要对投资环境的国情和社会、经济现状、法律法规以及行业发展趋势有全面深刻的洞察，需要对资本市场有敬畏之心，需要对做实业的企业家有深入的了解和共情。

现代战略咨询入华，我第一批受训

上面也提到了 90 年代的国企改革，毋庸讳言，中化集团这家超大型央企，当年转型改革时也有很多难题待解。

当年中化集团的核心业务之一，是海外石油供应链。那时国内有"四大石油公司"的说法：中石油、中石化、中海油、中化。中石油和中石化主要做陆上原油开采、冶炼和油品零售，中海油主做海上勘探、采油。中化一开始设立时的职能，主要是做原油的进出口贸易。

除了石油贸易，中化还有化肥进出口的国家特许经营权。靠这两项主营业务，中化完成了早期的快速积累，成为央企系统里的排头兵。但长期以来也积累了很多大企业的通病，如资源配置极度分散且效率不高、组织层级多、运营成本高、人浮于事、管理内耗严重等。整体来看，就是摊子铺得很大，对计划经济特许经营资源依赖重，在国内外市场经济模式改革冲击下潜藏巨大危机。特别是 1998 年，中化集团因"短贷长投"导致现金流断裂，出现了被日韩借贷银行威逼破产清算事件。当时的中化集团，已是命悬一线。

所以必须改革，改革才有活路。

1998 年，刘德树总裁调任中化以后，启动了大规模的管理改善工程。当时的说法是中化的管理系统弊病太多了，企业天天在流血，甚至一度出现了现金流动性危机，所以这个管理改善工程其实是"止血工程"。只要能堵住企业身上破损流血的伤口，重塑一个健康、科学的管理系统，中化就还能起死回生。

中化集团一方面解决生存问题，另一方面也在研究发展方向。中化在盘点资产的时候发现，账面上只有约 8 亿元的可动用资金，这意味着用于产业发展布局的投资业务必须聚焦。

当年我们同与集团投资部联署办公的投资机构，对投资方向开展细致深入的调研分析，形成两个维度的决策建议：一是为保持国家石油产业支柱地位，向产业链上游投资发展；二是进军蓬勃兴起并受资本市场狂热推崇的生物医药产业，进而带动中化集团化工品业务的转型升级，这也是我主攻的方向。

在 2000 年到 2002 年那两年的投资领域工作中，我对投资业务的全流程，以及资本市场的运作规律，形成了较为全面的认知，也初步建立起自己的一套评估投资项目的思维逻辑。而在刘德树总裁发起的管理改善工程实施中，我也全程经历了麦肯锡咨询公司首次给中国央企进行的战略管理咨询、培训，这对我日后建立系统实效的企业战略运营管理思维逻辑和实操技能，奠定了坚实的基础。

我记得那时候麦肯锡了解了中化当年的情况后，提出的咨询报价是2000多万元人民币。中化一是觉得贵了，二来账上一时也周转不出这么多钱。麦肯锡那边又提议：先给中化做战略管理咨询、培训，麦肯锡整理出一套管理改革方案，中化照着去实施，一年之后如果不见成效，这个咨询费就不收了。但如果成效显著，中化成功"止血"，那么因管理改善产生的效益，麦肯锡按一定比例分成。

当时双方达成了这样一个相当于"对赌"的协议。麦肯锡对中化的整个管理团队，从集团高层到各个分公司和主要业务板块的负责人，都进行了完善、细致的管理理念和实施方法的培训。我们这批人也可以说是麦肯锡在中国做战略管理咨询和培训的第一批受益人，在整个央企系统里，后来都是这批先接受西方企业管理学和经济学理论培训和实操实践的人在挑大梁。

一年后，在麦肯锡战略咨询团队的帮助下，中化集团成功完成了一系列管理改革举措。最后一算账，不仅是"止血"了，还产生了巨大的经济效益。麦肯锡按照"对赌"协议从中化这里收获的利润分成，远比他们当初报的那2000多万元咨询费高得多，可以说这是一次双赢合作。

对我来讲不幸的是，我们团队侧重调研的生物医药产业的投资方向，后来被中化集团高层放弃了。中化集团最终还是决定向石油产业链上游发展，稳住"国家四大石油公司"的行业地位。

我是学药的，却要去管酒店

集团的战略决策我当然拥护、执行，只是心里感觉失落，忙活了两年，没有找到过去做外贸业务时的那种成就感。

我再次萌生去意。

我对自身的评估，始终觉得是专业为先，医药领域是我的专长。无论做外贸还是投资，跟医药产业打交道，是我的价值优势，也是我积累的专长和经验所在。实际上在2002年前后，我也和西安杨森接触沟通过，彼此印象很好。在医药行业，西安杨森也堪称医药销售人才的"黄埔军校"，开出的条件颇为优厚，让我动心。

但我最后没去西安杨森。追根溯源，几年前写给罗东江总经理那封"以退为进"的辞职信这时候竟然再次发挥了作用，让我在中化体系内进入了一片新的领域——酒店业管理。

我还没有跟罗总提出我想离开中化，他就把我找去了。罗总开门见山地说：集团要将目前持有的怡生园国际会议中心、王府井大饭店和中化物业管理公司统筹管理起来，设立物业酒店管理中心，我推荐你去负责。

我一听觉得很纳闷。我说：罗总，我是学药的，从未接触过酒店物业方面的业务，您怎么会想到我呢？

罗总说，因为酒店物业管理的重要工作之一是涉及大量物资集中采购，集团领导的要求有几条：第一要人品好，不贪不腐；第二要做过贸易，熟悉产品流通环节风控；第三要有很强的执行力，做事有魄力。我觉得这三条，你都符合。

我想了想，心里没底，还是婉言谢绝了罗总的推荐。罗总见我显然缺乏思想准备，说：好，我说不动你，请刘总再跟你谈。

过了几天，总裁办公室通知我说，中化集团总裁刘德树找我谈话。

我又吓一跳，在那之前，我还从来没有跟集团总裁单独谈过话，罗总还真去惊动集团总裁了。

见到刘总，他是另一套谈话的逻辑。

刘总说：听说你刚读完大连理工大学的硕士，学了个什么专业？

我回答：管理学。

刘总说：那正好，你学了管理，我现在给你一个实践的平台。你到物业酒店管理中心，做的工作跟你的专业所学和经验积累是完全匹配的。而且，你呼吁改革，就要到实践中去检验你学的理论啊。

我又有点儿纳闷：我跟这个岗位，怎么匹配了？

刘总笑了一下，说：你不是给罗总写了个辞职信吗？

我心说，坏了，原来问题出在这儿。我当时给罗总写的信就说希望他不要给别人看，他还是给别人看了，而且是给集团大领导看的。我那封信里，对公司管理提了那么多激烈的意见，有些话听起来简直像是炮轰。集团总裁看了这样的信，会作何感想？他眼里怎么看我这个人？

脑子里一瞬间冒出这么多念头，我感觉后背上汗都出来了。

但刘总接下来说的话，让我吃了定心丸。他说，我一看你写的信，就知道你是个什么样的人了。你性子直，胆子大，我们要做改革突破，就需要你这样的人。

刘总提到了我的辞职信，从推行改革需要用人的角度，向我解释他的意图，这是我能理解并接受的。而且，集团总裁找我谈话，说到这个份儿上，我如果再推辞，就是不识抬举了。

我说，我是军人出身，服从命令听指挥，愿意承担集团交给的任务。

说这话的时候，虽然我心里还是缺乏干好酒店管理工作的信心，但硬着头皮，我也必须试一试了。

大不了，又是从零开始。

"空降兵"遇到下马威

去了才知道，怡生园的情况，果然有点儿特殊。

坐落在北京顺义区潮白河畔的怡生园占地近400亩，主要建筑群包括一座用于会议活动的主楼、四组客房楼和八幢别墅，共计300多间客房，还有各色餐厅、酒吧、咖啡厅和各种康乐设施，是一座达到五星级标准的豪华国际会议中心。1997年怡生园建成并正式对外营业，中化集团当年对怡生园的投资高达5亿元，在北京算是顶级的会议和度假酒店之一。

投资高昂，设施豪华，怡生园作为对外营业的酒店，问题就是运营成本远高于北京市同类企业。

当时除了中化集团自己开年会和各种商务会议接待会用到怡生园这个地方之外，对大部分企业客户来说，跑到怡生园来开会，是一笔不小的开支。个人游客度假休闲就更不用说了，在上世纪90年代末，住得起五星级标准酒店的普通人是不多的。怡生园的设施条件决定了它在旅游市场上的定位，就是走高端路线，但和同类型酒店相比，又缺乏明显的差异化特色，这是当时怡生园在经营上需要突破的困局。

而我一到怡生园，就吃了个下马威。

我是为履行好集团物业酒店管理中心负责人职责，先到怡生园挂职副总经理，熟悉酒店业务。怡生园的总经理叫杨宝剑，他是文旅行业资深的职业经理人，早年在北京旅游局系统里，做过多年的前门饭店总经理（前门饭店是北京著名的八大饭店之一）。这位老哥确实非常牛气，因为他是酒店管理的资深人士，而在他眼里，我显然是个外行。加上他听传闻说，集团设立物业酒店管理中心就是对他的不信任，因此对我的到来心存芥蒂。

我去找他报到，一进办公室，就见他坐在老板桌后面，两脚都翘到桌面上，脚底板对着我。

我对此有思想准备，先按规矩向他汇报了一下我的情况：中化集团让我到怡生园来挂职锻炼，向您请教学习，熟悉酒店业务运营流程。作为副手，我的职责就是配合好总经理开展工作。这是我先要向他表明的态度。

杨总冷淡地说：我希望你别来捣乱就行。

我微微一笑说：杨总，如果咱俩工作配合得好，您会在这个位置上坐得更稳、更长。

就这一句话，点到为止。

这算是我在中化集团的职业生涯里第一次充当"空降兵"的角色。做过管理的人都知道，"空降兵"不好当，第一，你是外行，不了解一个新地方的情况，很容易踩坑；第二，"空降兵"一定面对的是一个业已形成的利益格局，你如果来了就掀桌子，也没办法服众，今后会更难开展工作；第三，"空降兵"遇到"老兵"给点儿脸色，也是人之常情，要看得开，不急躁。

我的应对三部曲是：

一、借势：用"虚心请教""助人成功"的实际行动，赢得空降单位有影响力的实权派的信任，开垦落地扎根的土壤。

二、造势：在以工作业绩彰显能力和团队接纳的基础上,独立开展与时俱进的提升工作,营造自身在组织内的号召力、影响力。

三、做事:在担任实务负责人的基础上,实施深思熟虑的发展规划。

我在度假酒店搞起了"体验经济"

按照上述"空降工作三部曲",我开始了在怡生园的履职工作。我分管酒店工程部、综合部和安保部,主要负责酒店日常的装修和改造工程,包括组织招投标、监督施工和最后验收等,还包括员工培训和各种规章制度的规范和完善。酒店行业杂七杂八的琐事特别多,处处都是细节管理,很熬人,与我做外贸时的项目制运营是完全不同的工作状态。实际上工作开展起来一段时间之后,我发现管理团队的人际关系也没那么复杂,因为大家每个人每天都在各司其职地忙碌。尽管从北京顺义区的怡生园开车回家也就一个多小时的路程,我还是在报到后一个多月才回了趟家。我凭借每天超过12个小时的一线工作、虚心请教、各项分管工作的高质量完成,获得集团领导的表扬。在集团对怡生园领导班子的现场考察访谈中,我客观公正地肯定了杨总的专业能力和团队领导能力,并明确他在公司发展成绩中的核心作用。坦诚相待、精诚合作,让我和杨总后来成了非常要好的朋友。直到我离开怡生园以后,他到哪儿都说我和他是"铁哥们儿"。

熟悉日常工作以后,我开始思考:在竞争激烈的度假会议酒店行业,怡生园的差异化特色,应该是什么?

顺义潮白河边这一带,是北京的中央别墅区,有很多度假村、高尔夫球场和公园,自然环境优雅。在酒店和酒店之间比较的话,像餐饮、会议、康乐这些,你有我也有,只是条件档次略有差别,在提供的消费项目上总体差异不大。

在我去挂职之前,怡生园也没有搞过规范化的战略规划和管理技能培训。我辅佐杨总,组织管理层参与制定了"2003—2005年怡生园战略发展规划"。当时我阅读了一本叫《体验经济》的管理学著作,两位美国管理学家在书中提出,人类的经济活动已由传统的农业经济、工业经济和服务业经济,向"体验经济"转型。改革开放后引入中国的麦当劳、肯德基、迪士尼、3D影院等人气很旺的商业项目和运营模式,正是"体验经济"的代表。

那么,人们来住酒店,就仅仅是为了吃饭、开会、睡觉吗?

经过一段时间的调研和思考,我决定从当时刚开始流行的企业拓展训练入手,尝试酒店运营的一些新模式。

关于拓展训练,现在人们已经很熟悉了,很多企业团建都会采用拓展训练的方式。在专业机构和教练的组织下,利用专业设施和主题鲜明的游戏活动,完成诸如空中断桥、信任背摔、爬天梯、狭路相逢、穿越电网、毕业墙、孤岛求生、有轨电车、雷区取水、鳄鱼潭等集体合作项目，让参与者在身心体验过程中，感悟团队协作、挑战自我、相互信任、提高组织凝聚力等哲理真谛。

早在2002年，拓展训练还是个新名词。我在了解了这一新兴活动模式后，意识到这可能就是度假酒店行业向"体验经济"转型升级的一个抓手。

专业的事需要专业的人来办，我从一些做过拓展训练的企业客户那里了解到，当时做拓展训练最好的机构，是北京人众人拓展训练有限公司。没有联系方式，我就直接打114查号台，查到了人众人公司的电话，打过去咨询合作。当时互联网也是新生事物，还不够普及，很多生意就是依赖电话联系谈成的。

人众人公司的董事长刘力和总经理杜葵对怡生园这个合作项目也很重视，双方理念高度一致，一拍即合。我们联手用了不到半年时间，在怡生园里设计、建造了一艘"古战船"——这是一个高18米、长30米、宽10米的船形设施，外观仿照了西班牙的古战船造型。这艘"古战船"加上周边一些配套设施，集观赏性和实用性于一体，能够同时容纳近200人进行攀岩、空中单杠、空中断桥、爬天梯、孤岛求生、方阵、鳄鱼潭等数十种拓展训练项目。

2002年底，我们怡生园的"古战船"拓展训练基地建成开放，一时引爆了北京的企业培训市场。诸如联想、惠普、IBM等中外知名的大企业以及央企集团，都多次组织员工到怡生园来做拓展训练，极大带动了怡生园的客房、餐饮、会议、康乐等经营资源的持续热销。在酒店行业里，怡生园也找到了差异化营销的特色：我们创造这艘"古战船"和配套的拓展训练增值服务，既区别于地理位置偏僻、设施简陋、活动类别单一的低端拓展活动，同时又满足了中外大型高端企业举办年会时增加团建活动的场地需求。一时之间在北京，只要是知名企业想要做"年会+团建"，怡生园一定是首选。

我在新行业、新岗位上的新探索，取得了很好的开局。中化集团借此契机安排杨宝剑总经理抓紧完成年度党校培训计划，我事实上履行起"副总经理主持工作"的角色。正当我志得意满，准备继续奋进的时候，"非典"（SARS）来了。

突如其来的硬仗：迎战"非典"

度假会议型酒店有规律性的"淡、平、旺"季，对运营业绩影响很大。

2003年的春节来得较早，大年初一是2月1日。春节前的1月份就是各种企业年会和培训的旺季。当年1月，怡生园的营业额创下869万元的历史新高。春节过后的2、3月份，营业额就快速下降到四五百万元的水平，这是正常的市场状态。

2003年3月,"非典"在北京全面暴发。当时从官方到民间,大家都认为这是"百年不遇"的疫情,没有历史经验借鉴,在如此大的社会公共卫生事件到来时,一切都被恐惧、紧张、无措的氛围所笼罩……

当时"非典"暴发后,酒店餐饮无疑是受到冲击最大的行业之一。怡生园的客流量立刻跌至冰点,北京的大部分街道上都空无一人。我们管理团队立刻召开紧急会议,分析当前疫情,制订应急运营方案。

当时中化集团的总部在长安街上,总部指示我们,怡生园要作为集团备用的第二办公地点。万一疫情失控导致总部办公楼被封,总部员工就要转移到怡生园来办公。由于这个部署,怡生园肯定不能关门停业,我们至少要保持最低限度的维护运转,时刻准备满足集团转移办公的需求。

当时整个酒店有800多名员工,包括正式员工和来自外省旅游专科院校的实习生。这800多名员工如果正常上班,每月人力成本就要近200万元。在不知道疫情要持续多久、酒店新增客流已经近乎为零的情况下,如何维持酒店最基本的运营状态,是管理层面临的前所未见的难题。而且,无论留下多少员工,如何在疫情肆虐的社会环境下保障集中食宿环境中员工的健康安全,我们也没有经验,心里没底。

经过测算,我们准备了三个应急方案,分别为"正常经营"、"明开暗关"和"完全停业"。这三个方案对应的,就是按照客房出租率分别为30%、10%和0的情况考虑,对应在岗员工的人数最高约300名，最低也要100名。

最后向集团领导汇报，我们获批执行的方案就是"明开暗关"：留下100多人的骨干团队维持酒店最低限度的运转，其余数百名员工分批遣散回原籍或者待岗分流，并按规定给予现金补偿。当时我们各方面都做了最坏的打算，留在酒店值守的这100多人都在封闭环境中连轴值守各自的岗位，用当时电视里经常说的一句话就是"全力投入到抗击SARS的斗争中"。我这个当过兵的人，第一次有了真正打仗坚守阵地的感觉。封闭期间，我们还请人众人公司的培训师帮助组织了怡生园骨干团队的"拓展训练"，团队凝聚力空前提高。

幸运的是，那年"非典"疫情持续的时间不长，北京到6月中下旬新增和疑似病例就基本清零了。我们怡生园也迅速召回了大部分被遣散分流的员工。有疫情防控期间保持完好的运营基础，怡生园在北京度假酒店行业中率先恢复了运营。

在后厨，他大发雷霆

酒店的运营管理，属于劳动密集型。我在怡生园酒店工作近两年的时间，也是第一次直接面对和管理数百人的团队，深刻体会到了"以人为本"管理理念的真谛。

我们讲人本管理，是指以"人"为核心的问题，都在一线日常运营的细节里。管理者如果不经常深入一线员工之中，根本就发现不了问题。这方面，怡生园的总经理杨宝剑，这位比我大七八岁的老大哥，让我学到了很多人本管理的方法。

杨总在酒店行业工作几十年，保持着每天巡店的习惯。他一个大老爷们儿，观察异常细腻。有一次我跟着他巡店，走到餐饮部的后厨，看见十多个女实习生蹲在地上涮洗杯子。

酒店会议室用的那种玻璃茶杯，我们最后的清洗流程是有标准的：在一个大盆里面倒上温水再滴一些白醋，将洗干净的杯子在白醋水里再涮一下，然后拿出来倒扣在塑料网格篮里沥干，这样杯壁上就不会留水渍。

这套清洗流程，一般是餐饮部负责会议中心的服务员来做，她们大都是十六七岁的女孩子，来自全国各地的旅游专科院校的实习生。杨总老管这些服务员叫"孩子们"，确实都是跟他的孩子差不多大的中专生。

那是冬季，北京的平均气温都到零下了。杨总看到餐饮部这些女孩子在涮杯子，他就走过去伸手摸了一下大盆里涮杯子用的水，一摸就火了，扭脸对我说："毛，你去把餐饮部的经理叫过来，马上！"

餐饮部经理比我大几岁，是个风风火火的大姐。我把她找过来，杨总劈头盖脸就说："你摸一下这水！"

女经理摸了一下水，冰冰凉。

杨总当场就开骂了，真的骂得很难听，丝毫不留情面：

"这大冬天的，让女孩子们用这么凉的水洗杯子，如果人家碰到生理期，不会肚子疼吗？你也是个女的，要是你女儿在这凉水里洗杯子，你不心疼吗？别人家的孩子就不是孩子吗？"

我在旁边也是暗暗心惊，没想到杨总发这么大火，但马上也理解了他的用心。按说这件事可大可小，但在杨总看来，员工的工作环境最能直观体现一家酒店有没有做到人性化管理。发现这个问题，他不是叫领班过来批评，而是直接把餐饮部的负责人叫来狠批一顿，直接从"上行下效"的角度，解决人本管理意识的源头问题。

创可贴的秘密

人本管理意识的建立，也让我发现并处理了另一个奇怪的情况。

每到年底，企业管理层都要审核来年的经营费用预算。我发现餐饮部申报的物料采购预算中，有大量的创可贴——数量不是一般大，这引起了我的好奇。我估算了一下，按这个采购数量，餐饮部的员工平均每人每月要用十来个创可贴。

这么多的创可贴是干什么用的？难道服务员经常会摔碎杯盘划伤手吗？我越想越觉得不合常理，就去问餐饮部经理。

经理说：毛总，这个问题一直都有，我也没有好办法，您看能不能帮助解决一下？

我随经理来到会议中心和宴会厅，此时正值上午的会议即将结束。宴会厅备餐过程中，女服务生们穿梭在会议室和餐厅之间端茶、倒水、传菜。我发现很多姑娘走路都有点儿一瘸一拐的，拦下其中一位询问，才了解到其中的奥秘。

原来，酒店要求服务员都穿统一的皮鞋，而这些集中采购来的皮鞋不都合脚，鞋子用的皮革特别硬，鞋后跟很硌脚。每个服务员都在皮鞋的后跟上贴个创可贴以减轻摩擦，所以创可贴的用量特别大。

原来，问题不是出在餐饮部，而是出在集中采购的皮鞋上。找到问题根源后，我立刻与采购经理讨论出解决方案：将原采购制式皮鞋预算划出一半，改为采购制式布鞋，同时对制式皮鞋供应商提出鞋跟用皮柔软度改善要求。在员工着装要求方面修订为：承担重大活动接待任务时要求穿皮鞋，其余时间穿布鞋。

人的问题，就是"一把手负责"

酒店行业员工多，素质参差不齐，服务质量受员工情绪影响很大。因此，主管领导必须紧盯现场，与员工保持常态沟通，及时纠正问题。

按照分管职责，我每天不定时地在酒店各个区域巡视安全情况。个别素质低的员工上班时溜号抽烟、聊天、聚众打牌，甚至下班后聚在后厨吃喝。被我巡查发现，免不了教训和处罚，因此这些员工很怕我。有些人学机灵了，先去我住的宿舍楼停车场看一眼，我的车要是在，说明"毛总没走"，得老实点儿。后来我也学机灵了，有意把车停到酒店住客的停车区。那帮家伙看不见我的车，以为我走了，好嘛，后厨就跟翻了天一样，让我逮个正着。

人性化的管理和对员工行为的严格要求，并不是矛盾的。因为前者其实是对管理者自身的要求。你要既能发现问题，又能帮员工解决实际困难，那人家就会信服你。不过酒店行业还有个特殊现象，就是习惯抱团：你是哪一派的人，出了事要找这一派的带头大哥。当深入酒店基层员工的生活场景去观察时就会发现，他们张口闭口，叫的不是领班、经理，而是"老大"——就是这么江湖气，听起来都有点儿帮派的味道了。但管理实践就是这样，必须立足现实，你面对什么样的人，就要采取什么样的管理策略。

罗总当年在中化集团分管人力资源部，关于如何选配磨合顺畅的酒店管理层班子问题，集团人力部门很困惑。罗总就让人力资源部的同事来找我咨询意见。

人力资源部苦恼的是：想方设法挖来的人都很优秀啊，怎么优秀的人组合到一起，就总是闹矛盾呢？

我就跟他们讲在工作中感悟到的奥秘：中国的酒店管理层，都是分派系的，大体上分为三派——第一派是土派，一般是旅游局系统出来的，包括国家旅游局系统（国旅系）和市旅游局系统（市旅系），像怡生园的杨总就是北京旅游局出身的，土生土长的酒店职业经理人。第二派是洋派，就是外资酒店集团培训出来的。90年代扩大改革以后涌入中国市场的很多外资酒店，比如希尔顿、万豪、洲际、凯悦等，都是全球集团化运作，对在中国招聘的员工会按照国际统一标准进行培训，这又培养出来一大批管理人才，怡生园副总马总就是从万豪酒店集团培训出来的。第三派是合资派，一般以合资强势方履职资历以及企业文化认同感为派系划分。

这三派人马，思维体系和行事风格都不一样，如果你把不同派别的人硬拧到同一个团队里，大概率就要出问题。我的建议是，首先将中化酒店资产管理目标和定位确定清楚，拟定出酒店一把手的岗位任职条件。从上述酒店业派系划分中选定相对匹配的一把手目标人选，考察、面试过程中形成一致的绩效目标，设立激励、约束机制。然后就应该放手，让选定的一把手自己选择、提交核心运营团队成员方案，上报集团人力部门审核，报集团批准。这样工作起来较顺畅，沟通磨合的成本低。当然，从集团管理视角来看，会担心这样容易形成利益团体，滋生腐败——这就需要加强运营过程风控，从制度上堵住漏洞。如果发现严重问题要换人，首先要追究这个一把手的责任。

中国的企业管理，包括企业文化的形成，根基是"一把手负责制"。认清这个现实，管理成本才可控。

国际化的品牌管理怎么做

到 2003 年底，集团领导看我在怡生园锻炼了快两年，做出的会议度假型酒店工作业绩和管理技能水平，超出了预期的挂职历练目标，还经受住了抗击"非典"的应急考验，就考虑让我开启商务酒店的挂职历练——任刚刚完成全面翻新装修、重新开业的王府井大饭店常务副总经理。王府井大饭店也是中化集团旗下酒店业资产，坐落在北京市中心最繁华的王府井大街上，是当时北京著名的五星级涉外商务酒店。

对集团的人事调动安排，我是完全理解并赞成的。但我在调去王府井大饭店之前，向领导打了个报告，申请先去上海金茂君悦大酒店进行为期两周的学习考察。

位于上海浦东陆家嘴的金茂大厦，是中化集团最大的"酒店+写字楼"物业资产。在这座高达 420 米、2000 年还是上海最高地标的大厦的 53—87 层，是金茂君悦大酒店，也是吉尼斯世界纪录（2000 年）评定的"世界最高酒店"。而金茂君悦大酒店的品牌管理和运营方，是世界著名的凯悦酒店管理集团。

当年上海金茂君悦大酒店的合作运营模式是中化集团国际化运营模式的标杆，到金茂考察学习，也是我加速进步的难得机会。如果能借鉴凯悦酒店管理集团在组织构架及管理运作模式、经营成本及经营风险控制、人力资源体系的管理模式、市场营销及公关策划管理模式等方面的先进经验，将成为我在中化物业酒店管理中心职能水平提升的"捷径"，也能在我融入即将履职的王府井大饭店的过程中，起到"事半功倍"的作用。

分管物业酒店管理中心的集团领导范总，在我的报告上爽快批复：同意。

在上海金茂君悦大酒店学习的两周时间，得益于中化的业主方背景，我每天都能全程旁听酒店管理层的日常会议，和管理团队在一起切磋交流，并对外方的总经理和中方的副总经理，以及酒店的人力资源总监、财务总监、市场总监、客务总监等核心管理人员进行了深入访谈。

我看到像凯悦这样的国际知名酒店管理集团，在打造品牌和牢牢抓住核心客群等方面，确实积累了成功的运营之道。例如凯悦集团旗下有多个酒店品牌，其中君悦和凯悦一般都拥有 500 间左右的客房，能够承办高端商务会议、宴请等。君悦的定位为高端商务客群服务；凯悦更侧重大型旅行团的接待；柏悦就相对小众一些，客房数量在 200 间以下，聚焦精品全天候服务。每个品牌看似都是豪华五星级酒店，但在选址、定位上有明显的区隔，每个品牌吸引的客群也是不一样的。

再进入酒店细心观察它的设计、设施和服务时，又会发现很多门道。我们说好的酒店是让客人"宾至如归",这种回家的感觉,是基于对每一位客人生活习惯和喜好的长期记录和研究,不断去调整改进服务的细节。在君悦酒店客户管理系统里,每一位客人登记入住的时候,前台就已经看到了客人以往喜欢的房间朝向、床垫和枕头的软硬程度、室内的温度和浴室的水温,甚至客人泡澡的时候是不是喜欢看电视、听音乐,这些细节全都有。那么酒店不需要客人吩咐,立刻就可以准备好这一切。这就可以理解为什么有的人换了酒店品牌,甚至换了房间的朝向都会睡不好觉。就是这些点滴细节积累到一起,培养起了商务人士对高端酒店品牌极高的忠诚度。住惯了君悦的人,他到每个国家、每个城市,都会首选君悦。

还有一个重要的观察,是站在我们业主方视角去看的:一栋大厦的建筑完成了,要找酒店运营方,这个合作伙伴的选择,是有比较苛刻的条件限制的。因为不同的酒店集团,都有其独特的设计风格和服务特色。酒店品牌入驻进来,就要按照他们的定位和风格去做装修改造。一般业主方跟酒店集团会先签10—15年的合约,等合约到期要重新谈判续约的时候,谈判双方的地位就发生变化了。这时候酒店品牌方是占据主动的,因为这栋楼已经改造成了这家酒店的风格,你如果想换别的品牌,还要重新设计装修,这个成本是巨大的。

谁会遗弃自己的孩子

2003年11月,圆满结束在上海金茂君悦酒店的业务学习后,我回到北京,就任王府井大饭店常务副总经理,全面负责日常运营管理。

换了个环境,工作依旧忙碌。之前在怡生园的时候,我每月能回家一到两天,因为顺义距离北京主城区比较远。调到王府井大饭店以后,看似离家近了许多,但当了常务副总,日常需要操心的事情几乎增长了几倍,我的日程表被填得满满当当,更加身不由己。

对我来说,身体上的劳累倒没什么,关键心里觉得对家人有亏欠。每年过圣诞节的时候我都不好受,因为每次女儿都是提前就跟我约时间:"爸爸,我们圣诞节去哪儿玩呀?"我都只能摇头苦笑:"爸爸也说不准啊。"逢年过节,酒店人的工作都是最忙的。我在宴会厅里看着别人阖家欢乐,自己却不能陪伴女儿,经常鼻子酸酸的。

作为父亲,在工作最忙的那几年,我很清楚,自己在这个家庭里是缺位的。临时、短期倒也罢了,关键是常年不着家,总要求家人对自己一直体谅理解,也是不现实的。我一心扑在工作上,天长日久,也为后来爆发家庭危机埋下了隐患。如今想来,一切都有迹可循,但在当时,我越是觉得委屈，觉得自己的付出和回报不成比例，越是想加快工作成就的达成，认为只有事业更加成功，才能体现出在家庭中支柱角色的价值。

王府井大饭店除了接待很多来自世界各国的商旅人士之外，还是当时外国人到中国来领养弃婴、孤儿的一个定点接待酒店。我在酒店里几乎每天都能看到来中国领养孩子的外国夫妇，他们入住的酒店客房里到处都是婴儿车、奶粉等婴幼儿物品。在大堂里我经常会留心观察这些外国人领到小孩子之后的表情和肢体语言，他们那种发自内心的喜悦满满地写在脸上。不管他们来自哪个国家，有怎样的信仰和价值观，我想有一点是共通的，那就是尊重生命，以人为本。

有天傍晚，在酒店大堂咖啡吧，我与一对来自美国的中年夫妇聊起他们刚领养的一位中国小女孩，得知小女孩患有先天性瓣膜缺陷心脏病，而且这对夫妇已经有了两个男孩。他们解释领养的初衷：一则给两个儿子添个有异国文化背景的妹妹，培养他们的包容性；二则美国对治疗这种先天性心脏病有较成熟的医疗条件，使自幼不幸的生命重获健康的新生，是他们夫妇宗教信仰的体现。他们怀里幼小天真的小女孩，以及这对夫妇由衷喜爱孩子的表情，深深地印入我的记忆深处。

那时候我也会想：什么样的人会狠心遗弃自己的孩子？出于什么心理动机？现实生活中人们有各种各样的困难、无奈，有贫困养不起孩子的，有因孩子是私生子而迫于外界压力的，有对天生有缺陷的孩子不抱治愈希望的，也有重男轻女遗弃女婴的……我因工作繁忙无暇兼顾孩子的陪伴和教育，都心生无尽的愧疚，很难理解那些连自己的亲生骨肉都能弃之不顾的人，他们的人生在乎什么？

一边勉励，一边敲打

在王府井大饭店任常务副总经理，去的时候我并不知道在这里会做多久，心里清楚这也是个有点儿过渡性质的职位，我随时可能被组织征召调派，奔赴下一个战场。但我没有想到的是，我几年前写给罗总那封直言不讳的"辞职信"，以及我从投资事业部跨行转到酒店管理行业，也能打开新局面，出色完成任务的这些表现，给集团高层领导留下了"毛嘉农能打仗"的深刻印象，这种印象后来又进一步被领导形容为"毛嘉农风格"。这一系列岗位的调动和冥冥之中命运的转向，让我成了中化集团有名的"救火队长"。

实话说，经常充当"空降兵"和"救火队长"，对一个人的职业发展来说，未必是件好事——因为这表示你的常规成长路径经常被中断，迫使你踏上另外一条未知的道路。你过去的职业技能积累，可能突然就"废了"，甚至一些思维定式会成为你的负担。

但这种职业转向，常常是身不由己的。我经历得多了，逐渐养成一种适应变化的新认知："做短期的事，但抱有长期的心态。"这句话怎么理解呢？是我慢慢悟出来的——领导起用你去"救火"，去突破困局，这种用人的决策，谁承担更大的风险和压力？不是你，是他。如果你的表现不尽如人意，证明领导选错了人，他的眼光和威信就会受到质疑。反之，你表现出色，领导脸上有光，并且只要你在关键任务上完成度较高，即使你其他一些方面可能存在些小缺点、小毛病，也会得到宽容，这对一个人的成长和进一步被委以重任，是至关重要的。所以，在明知道自己可能正在从事一项短期的工作时，也要稳扎稳打，一件小事一件小事地去突破，甚至去做一些可能见效周期相对较长的、打基础性质的工作，例如我在怡生园时期制订三年战略发展规划和规范高效的运营管理制度体系。这些影响企业长期健康发展的基础性工作，也会让领导看到你的综合领导能力和思维格局。罗东江总经理在我 2006 年的述职报告上批示"正是所谓'毛嘉农风格'"，其实后边还有一句话："诚信做人，认真做事，追求卓越，但我建议还要适应国情司情，谨慎谦和。"

后面这句话，既是对我的关怀和勉励，也是一种善意的敲打：你小子别太狂妄啊，小心枪打出头鸟。

我当时"志得意满"，仅看到"赞誉"，忽视了"敲打"。果然日后物极必反，吃了大亏，形成我人生的又一次重大跌宕。

在履职王府井大饭店常务副总经理将满一年之际，我又一次被调往新的"救火"岗位：中化集团首家上市公司——中化国际（控股）股份有限公司（简称"中化国际"）的董事会秘书。接任这个职位的过程，是那么紧急，而又充满戏剧性。

"救火队长"又有新任务

2005年2月，我正在福州岳母家欢度春节。大年初四（2月12日）中午，我突然接到时任中化国际董事长罗东江的电话。

罗总问：小毛，在哪儿呢？

我说：在您老家呢（罗总是福建人）。

他又问：那你计划什么时候回来？

我说：定的初七回京。

罗总说：那你现在就收拾一下，我已经叫人给你订好了机票，你今天就回北京，下飞机以后安排你的司机接你，顺便让他把你的西服带上，你在车上换好衣服。

我一时有点儿蒙：这什么意思？

罗总说：公司出了点儿事，来不及跟你解释了，回来再说。

这时候我反应过来了，不用多问，一定是有紧急任务了。

我马上按罗总指示行动起来。下午的飞机到北京。司机接到我，直奔中化集团总部大厦，我在车上也换好了西装。车到总部，就看见集团人力资源部总经理在门口等着，他拉上我上电梯到23层，直奔总裁办公区的会议室。我进去看到几个人在那坐着，都不认识，他们问了我几个有关工作履历中的基本情况问题，就结束了见面。人力资源部总经理又过来，领我到他办公室。我到这时候还丈二和尚摸不着头脑，不知道他们葫芦里卖的什么药。进去关上门，人力资源部总经理就说了：毛总，是集团刘总裁的提议，你到中化国际接任董事会秘书一职。

我当时非常惊讶。他说的不是叫我回来的罗总，而是说集团总裁刘德树对我的直接提名。那时候的中化国际，定位为中化集团进行市场化改革的试验田，上市公司总部已经从北京集团总部大楼迁到上海浦东新区的金茂大厦。我当年就是从上市前的中化国际被调出来，去集团物业酒店管理中心任职，没想到突然又被调回中化国际，还是出任"董事会秘书"。不怕笑话，当时的我，连董秘是干什么的都不清楚：秘书，谁的秘书？董秘就是给董事长当秘书吗？

人力资源部总经理又接着说：刚才你已经接受了中化国际董事会提名委员会成员的面试，现在董秘提名审核程序已完成，你需要立即赶往上海，到中化国际报到。

我更吃惊了：这么快？一天之内，我从福建赶回北京，连家都没回，晚上又要去上海，事态这么紧急？

人力资源部总经理当时说了一句话，我后来出任董秘之后才深有体会：上市公司董秘的职责和变更，对资本市场影响巨大。

依据国家对证券市场的管理制度，上市公司的董事会秘书任免，必须发正式公告，而董事会秘书的任职资格，还要通过交易所的培训考试才能获得。春节假期股市是休市状态，节后开市，如果董秘长时间缺位，对上市公司运营及资本市场影响将是负面的。我必须抓紧时间，完成董事会秘书岗前培训和考试，熟悉上市公司的各项情况，准备随时应对资本市场的履职挑战。

多到爆炸的信息量涌进大脑，我一时有些理不清头绪，我该如何应对呢？

但情势紧急，已经容不得我多想了。我只能连夜搭乘班机，飞往上海，飞向又一段未知的旅途。

第七章
资本市场不相信眼泪

上任董秘,措手不及

中化国际的前身中化国际贸易股份有限公司,原本是中化集团的全资子公司。1998年12月14日,中化集团在应对种种生存危机的同时,决定以承担数亿元不良资产剥离的代价,将其化工板块——化工品公司、塑料公司、橡胶公司和储运公司的优质资产组合,注册设立中化国际贸易股份有限公司(筹),启动其上市进程。作为中化集团战略转型的"特区",中化国际通过市场化战略发展的研究、实施,整体南移上海,将企业由"计划经济运营机制的贸易代理商",逐步转型为"市场化为核心的营销服务商"。公司的运营体系由"个体户集合体"的粗放管理,逐步转变为"前台(业务)、中台(风险控制/商务支持)和后台(财务集中)"分离的风险管控模式。2000年3月,中化国际在上海证券交易所挂牌上市(股票代码:600500.SH),成为中化集团旗下第一家上市公司。当时中化国际的董事长由中化集团总裁刘德树担任,副董事长是中化集团的总经济师施国梁。

施国梁老爷子早年在加入中化之前,当过浦东新区管委会的副主任,是个深谋远虑的企业战略家,在集团内部,大家都尊称他是中化的"师爷"。2002年,施国梁接任中化国际的董事长,并把中化国际的总部从北京迁到了上海浦东新区,进驻刚落成不久、同属中化集团物业的金茂大厦。因为中化国际是中化集团战略转型改革的试验田,而浦东是世纪之交整个中国改革开放的试验田,中化国际从北京搬到上海,离资本市场更近,离改革开放的前沿更近。

2005年初,我在"临危受命"、一头雾水的情况下,被提名为中化国际的董事会秘书,连夜赶赴上海就职。

上午还在福州飞往北京的航班上,那天晚上,我又被"轰"上北京飞往上海浦东的飞机。

我说我能不能先回趟家带些换洗的衣物,集团人力资源部总经理说,没时间了,给家人打个电话说一下就行了。他还来了句"你又不是个经常回家的人",说得我更觉不好意思。我说:那董事会秘书需要做什么?我去了怎么开展工作?我心里有一百个问题,人力资源部总经理只说:到了上海,翔子会接你,生活上的事他会协助你解决,工作方面有关事宜也问他吧。

"翔子"是中化国际当时的证券事务代表刘翔,三年以后当我卸任董秘时是他接任,一个年轻有为的帅小伙子。

2005年春节假期的那个深夜,我乘坐的航班在上海浦东机场落地,刘翔已经在机场等我。我记得特别清楚,他把我带到浦东一家避风塘吃宵夜,上海当年也只有避风塘这样很少的几家餐厅是24小时营业的。吃东西的时候,刘翔告诉我，之所以出现这样紧急的人事任命，是因为中化国际的前任董秘，在董事会会期未完全结束的时候，未事先请假提前离开去爬山了。集团领导大发雷霆，当即提议免了他的职。

我听得暗暗心惊：爬什么山，连饭碗都丢了？

翔子一笑，说：乞力马扎罗。

乞力马扎罗（Kilimanjaro），位于坦桑尼亚联合共和国东北部及东非大裂谷以南约160公里，赤道与南纬3°之间，是坦桑尼亚和肯尼亚的分水岭，最高处基博峰顶海拔5895米，是非洲最高点，有"非洲屋脊"之称。

那是"乞力马扎罗"这个名字第一次蹦进我的脑海。此前我爬过的最高山还是海拔575米的北京香山，做梦也想不到十年后我竟也站在这座赤道冰峰的顶端，欣赏"乞力马扎罗的雪"。不，应该说我当时想都不会想这种事，完全不理解为什么有人会为了爬山而不惜丢掉一家上市公司高管的职位。

但这些都不重要，重要的是我连自己要当的这个董秘是干什么的都不清楚。刘翔三言两语，给我迅速普及了一些关于董事会秘书的基本常识。最核心的，我当时就记住了两条：第一，董秘是上市公司的发言人，是负责沟通资本市场、监管机构和投资者的第一责任人；第二，董秘履职的每句话都是要负法律责任的。

我说，可是现在我被突然调过来，对中化国际现在的情况都不熟悉，我怎么能代表公司履职呢？

刘翔说，毛总你先这样，开头几天，先把所有电话转过来，我替你接。作为公司证券事务代表，基本情况我都是了解的，我也会尽快给你一些必要的资料去熟悉。但这个时间很短，很快就会遇到有些场合我替不了你，需要你自己上阵的情况。眼下最要紧的是，你需要后天赶到厦门，去参加上交所举办的董秘任职资格培训班，报名手续都给你安排好了，你要用最短的时间把这个资格考下来。明天我给你一套材料，是我整理的各种市场资料、董事会决议和公告等等，都是你今后可能会被问到的方方面面的问题，你带在路上看。翔子又说，毛总你就先背下来，死记硬背，别管懂不懂，都先记住再说。

年轻的翔子这么有心，我当时真是太感动了。

现在回想起来，这一"措手不及"的董秘任命，使我的职业生涯中增加了一段更加难忘的"救火"经历。上市公司时刻接受监管部门、投资机构和公众严苛的目光审视，董秘作为公司"发言人"的角色，更是直接站在聚光灯下，容不得半点儿闪失。董秘的一言一行，都必须谨慎周全，否则一句话说错都可能给公司造成巨大的损失。而我这个几天前还在管理酒店的职业经理人，可以说是被按着脑袋，一猛子扎进了资本市场的深水区。

如果说过去我在职场上的"救火"应急工作，做的都还是基本在自己能力范围内的事情，不说轻车熟路吧，起码也都心里有底；那么任职中化国际的董秘，就像翔子告诉我的那样，是需要将海量的陌生信息快速输入自己的大脑，进行记忆、理解、消化，再对外输出，这个工作的难度对我来说前所未有。通过为期一周通宵达旦的高强度学习，我最终拿下了董秘资格考试。刘翔以及和我共事过的机构投资人都表达过类似的意思：毛总刚来中化国际的时候，好像很"腼腆"，人多的场合都不敢说话似的（那是真的，我肚里没货，哪敢乱发言啊）。可没过多久，毛总就可以从容应对、侃侃而谈了（这也是真的，因为我对公司的基本情况了如指掌，对资本市场的运作规律和动态变化，也大体上做到了条理清晰，处变不惊）。

但董秘这项工作的复杂度，还是有点儿超出我的想象。我在中化国际的董秘岗位上做了近三年时间，遇到的最大的挑战，也是让我收获最多经验值的工作，就是上任不到三个月，接受了公司作为央企第一批参与资本市场股权分置改革试点的挑战。

改革排头兵，只许成，不许败

中国的市场经济改革，特别是按照国际标准进行资本市场的建设，经历了一个漫长、曲折的过程，是真真切切的"摸着石头过河"。所谓"股权分置改革"是其中的一个重要环节，简要来说，就是为了解决早期股份制企业上市遗留的"同股不同权"这一历史问题。

2004年1月,国务院发布《关于推进资本市场改革开放和稳定发展的若干意见》,为股权分置改革提供了直接的政策依据。2005年4月,证监会发布《关于上市公司股权分置改革试点有关问题的通知》,确立了"市场稳定发展、规则公平统一、方案协商选择、流通股东表决、实施分步有序"的操作原则,这是股权分置改革试点正式启动的标志。2005年8月,证监会等五部门联合发布《关于上市公司股权分置改革的指导意见》,随后又出台了相关的配套政策,从而细化了股权分置改革的操作准则,为股权分置改革的全面推进建立了完整的法制框架。

在央企序列里,中化国际是股权分置改革首批四家试点单位之一。也就是说,我刚接任董秘不久,中化国际就迎来了上市之后的一次"大考"。作为试点单位,中化国际的股权分置改革,可以说只许成,不许败。

中化国际的股权分置改革,是与券商机构中信证券合作完成的,中信证券的领导们也都很重视,都知道这是央企试点,意义重大。我和中信证券负责中化业务的那些骨干也混熟了,天天在一块儿,全国各地跑,去拜访众多的机构和投资人。

按照当时流行的说法,股改好比"土改",事关每个股东的利益,大家争论起来也是急赤白脸,火药味很浓。而在广大股民眼中,手握"同股不同权"的原始股甚至于"一股独大"的大股东，就好比土改时期的地主，股东大会经常上演"斗地主"的火爆场面，以至于我们有段时间开会，都不敢给会场里放瓶装矿泉水，都改用纸杯，就怕人往台上扔瓶子。

作为董秘，我在公开场合经常会遇到情绪失控的投资者，其实关起门来，我们公司董事会上激烈争吵的场面也很常见。这就要说到中化集团的总经济师施国梁先生，当时他清醒地意识到：董事会的组成已经不能支持公司市场化发展战略的需要，控股股东的官僚意识还较深地制约着中化国际的市场化进程，董事会的运行机制与现代企业法人治理结构的规范要求还相差很远。他在中化国际南移到上海之后，着手按照国际通行的上市公司治理要求，改组董事会，让外部引进的独立董事占到三分之一以上席位，另外成立战略委员会、薪酬考核委员会、审计委员会和提名与公司治理委员会四个专业委员会。老爷子请来的独董，也都是各行各业的大腕儿，比如中国第一位审计学博士、复旦大学管理学院教授李若山，创办了全联并购公会和金融博物馆的资深并购专家王巍等。我后来知道，被突然提名为董秘那天，在北京中化总部面试我的几个人里就有时任中化国际董事会提名与公司治理委员会主席的王巍。这些独立董事的引入，是中化国际的管理体系改革的重要举措，也在公司治理决策中发挥了切实作用。独立董事的履职尽责，最直观的体现，就是董事会在规范公司治理机制方面经常吵架，有时吵起来非常激烈。

中国资本市场改革初期,很多上市公司的董事会本质上就是公司职能高管的办公会,董事长说了算。但中化国际把这么多外部独董引进来,这些独董都是真正代表股东利益来说话的,也都是国际化经验丰富的精英人士,对企业"一股独大"的计划经济时代老国企遗留问题,批评起来丝毫不留情面。

当时中化国际经常吵架有一个原因,就是施国梁先生推行的全面改革,不仅改组了董事会,还把公司管理层的人换了好多。老爷子当时说我们的职业经理人团队,也要做到国际一流。他从美国 GE(General Electric Company,美国通用电气公司)挖来了一整套班子,这个团队是当时 GE 在中国培养的所谓第二梯队。跨国公司的管理层为了长期稳定发展,都很注重人才梯队建设,重要的管理岗位事实上都有备选,我们称之为"B 角"。一旦公司遇到新业务拓展或突发状况造成人员流失,第二梯队可以随时顶上。而当时中化国际就是从 GE 把他们的第二梯队"一锅端"了过来,从 CEO 到财务总监、人力总监等重要的管理岗位全齐了。

这批从外企过来的职业经理人,构成了中化国际南移上海后的主要管理团队。他们带来了更加宽广的国际视野和管理国际一流企业的很多先进经验,但同时也不可避免地与本土国企体制下成长起来的董监事及运营团队之间产生冲突。说起来有点像之前我在做酒店管理时发现的规律:出身同一体系的管理人员会自成一派,不同派系之间有点儿互相瞧不上，理念不合，工作起来也会摩擦不断。先不论谁对谁错，因为不同企业文化和理念的差异是客观存在的，在企业管理实践中我们要正视这种差异，才能想办法去协调解决很多矛盾。

后来我在国资委组织的一些央企管理经验交流活动中，多次分享中化集团关于企业治理改革变迁的案例，收获的反馈也都非常积极。因为中化国际这个案例在管理学上看确实非常特殊：一家历史悠久的央企，请了一批具有国际视野和丰富经验的独立董事，成建制引进外企培养出来的职业经理人来做管理，按照国际标准来做面向资本市场的系统化改革——这个工程的庞大、激进和复杂，没有亲身经历过的人是很难想象的。商业就是这样，管理就是这样，实践出真知，实战见真章。

作为中化国际乃至整个央企系统首批圆满完成股权分置试点改革的亲历者，我从一个仓促上阵、懵懵懂懂的董秘起步，一路见证着"洋务派"和"本土派"这些理念不同但都具备优秀专业能力的管理者们的磨合成长，中化国际在市场经济的大海中扬帆起航。

哪有花钱请人挑毛病的

做中化国际董秘的这几年，在资本市场运作能力的提升方面，我受益匪浅，特别是从李若山、王巍这些优秀的独立董事身上，学到了很多真正规范、有实效的公司治理先进理念和实操技能。这些人开会争吵，那都是真心为公司发展好，为他们所代表的广大投资者利益着想。他们提出的建议，其中有一条让中化国际受益很大，就是要聘请美国标准普尔（Standard & Poor's）来给中化国际做公司治理的评级。

我们知道标准普尔是国际权威的信用等级评定机构，而做公司治理状况的评级，过去对中国企业来说是很少耳闻且风险极大的举措：我们习惯的思维是花钱找知名机构背书说好话、做宣传，哪有花钱请人过来监督、揭露自身短板的？因为评级是要出负面清单的，万一人家评出来我们现状很差，这怎么对各方交代？但中化国际的董事会当时非常明晰自身治理改革的紧迫感和必要性，全票通过独董们的此项提案。2004年、2005年连续两年，每年花8万美元的评审费，请标准普尔做公司治理方面的全面评级，这是一个很大的观念突破。在这两年中董事会专门根据标准普尔的评级报告，特别关注负面清单上列的项目，每年逐条对照拟定整改措施并落实。我们也每年公开发布一个中化国际的公司治理和社会责任报告，接受资本市场和投资者的审视。

标准普尔评级的过程，的确为中化国际的公司治理带来了许多积极变化。

首先，董事会定位进一步明确，全体董事会成员均脱离股东背景，平等参与重大战略决策和制定运营规则。相对其他上市公司，中化国际的独立董事更有机会介入公司决策过程，表达专业意见。事实上，独立董事几乎在所有进入董事会视野的重大问题上均表现活跃，曾多次否定了大股东及管理层的动议，当然，更多是改善并支持了公司的战略决策。

其次，管理层的重大商业决策始终请董事会和监事会成员知情和参与，从重要人事变动的提名，到经营风险监控和薪酬激励等多方面，管理层一直得到董事会的关注与支持，而适度的参与并没有妨碍更为熟悉市场和商业细节的管理层发挥职业经理人的判断力和执行力。双方定期沟通和讨论，建立了互相信任的基础，也使董事会成员更关注公司，并愿意为公司承担责任。

再次，公司的社会责任得到公众更好的理解。标准普尔的评级也推动中化国际向全球最优秀的企业看齐，除了创造利润和建立核心竞争力外，中化国际还较多地关注公司的社会责任和经营道德问题。中化国际是少数建立环保网页和强调公益理念的中国上市公司之一。国际评级公司的意见被带到董事会上讨论，其评级标准成为董事会和高管成员的培训教材。

最后，公司的市场地位得到提升。作为上海证券交易所公司治理指数、180指数成分股及信息披露优秀公司，中化国际在2005年被多家媒体评为中国最受尊敬的25家上市公司之一，中化国际董事会被评为最佳董事会。在2005年中化国际对价支付方案的谈判中，许多机构投资人对中化国际公司治理状况明确表示满意，接受非流通股东方面一定的"公司治理溢价"。公司治理结构和执行力度正在加速推进一个值得全体股东信任的沟通平台的形成，这也将保障中化国际向一个规范的全流通上市公司过渡。

我也因为直接参与了这一时期的全部具体工作，积累了大量的公司治理实践经验。日后无论是在央企任职，还是作为独董参与多家民营公司上市过程中公司治理架构及运作机制的规范化建设，我都拥有实效性很强的"独门绝技"。

金牌董秘的含金量

2005年，中化国际仅用了四个月时间，就圆满取得了A股上市公司股权分置第一批试点改革的成功。2006年12月中化国际成功完成上市后首次再融资——发行分离交易的可转换公司债券和认股权证；2005年及2006年，中化国际连续两年在国内上市公司中率先发布《公司年度社会责任报告》，并投入数十亿元资产更新、完善化学品物流和橡胶产业领域安全、环保设施的升级换代；积极参与中国石油和化学工业协会组织的"责任关怀"事业的推广工作和主导编撰符合国际标准的化学品物流营运标准。

上述在中化国际董事会全面督导下的工作成果，获得国家监管机构及国内外同行的广泛高度评价。

2006年和2007年，作为上市公司董事会负责资本市场及公司治理运营管理的COO（首席运营官），我连续两年荣获《新财富》评选的"金牌董秘"和CBT100（中国上市公司百强排行榜）"中国上市公司十佳董秘"称号。领奖的时候，台上站的获奖者大多是从业十多年的老董秘，就我显得很年轻，任职董秘的时间也最短。当被问及"做好董秘的核心秘诀"时，我的回答概括起来只有五个字：管理期望值。

按照监管机构股票上市规则中的相关规定，董秘的职责超过十个大项，可以说条分缕析、细致全面。而在我看来，董秘的所有工作，都是围绕着"管理期望值"这五个字来做的。上市公司承载着来自诸多方面的期望，比如资本市场，期望你这家公司做好市值管理，做到信息公开透明，让投资者有客观公正的投资依据。市场对公司的期望值，同这家公司实际的表现和价值越贴近，投资者对你就越放心，也就越有利于公司在市场上表现出合理的估值。对监管机构来说，道理也一样，董秘披露的公司信息和向监管机构出具的各种报告、说明、公示，越是真实可信、客观合理，监管机构对公司也就越信任，给予你的发展支持就越有力。

而对于公司内部，董秘也是一个必须通晓各方"期望值"的信息沟通枢纽：董秘几乎是要参加公司各部门所有重要会议的唯一的人，很多董秘每天开的会比董事长还多，因为大大小小的事情你都要了解，虽然很多事情不是由你负责，但你面对资本市场的时候可能就要回答相关的问题，所以董秘一定是对公司各方面情况了解最全面的人。并且，董秘还要知道公司管理层的战略目标、各项举措的真实意图，同瞬息万变的市场做分析比对，找出其中的差距，向公司管理层反映真实的市场状况。

期望不落空，价值就能得以实现。

当在董秘的履职过程中逐渐总结经验，悟出了这些关键窍门之后，我开始对照证监会对董秘履职的相关要求，同时参考行业里一些优秀上市公司董秘的范例，来重新检视、规划自己的工作清单。我发现，董秘要想顺利开展工作，就不能只是完成自己分内必做的事情，还要让董事会成员都知晓、理解进而支持自己的工作。

当时在中化国际，每次开经营例会，我都要求把会议结束前最后 20 分钟留给我这个董秘发言。在这日复一日而又至关重要的 20 分钟里，我会把监管机构的最新要求、法律法规的最新变化、公司股东可做和不可做的一些事项，还有最近其他公司一些有典型性的违规案例，向全体高管做出提示——你如果稍有不慎违规了，比如减持或增持公司股票没有按规定通报，就需要承担相关的法律责任。

后来连续好几年，上交所对新任董秘开设的培训班，都请我这个"金牌董秘"去讲课。我就会对同行们讲，每个企业的情况不一样，中国的企业和外国的企业也不一样，很多董秘会遇到形形色色的董事会成员，有时候面对非常强势的高管或者大股东，董秘对自身价值的定位，或者说对自己的

"期望值",也需要有个逻辑自洽的管理方法。甚至于对自己的上级,也要摸索出有效的管理方法,就像现在有个词叫"向上管理"。董秘必须设法说服你的董事长,你是为他服务的,你遵循市场规范和法律法规,来对董事会的行为做出提示、建议甚至约束,长远来看都是为了公司好,为了对股东负责。我们说公司治理的终极目标,就是实现企业健康、快速的发展,为股东创造价值。董秘要时刻有防控风险的意识,这种风险有时来自外部的监管和舆论,更多则是来自公司内部管理者的行为。

有人问:那如果董事会不听你的呢?

我回答:那就表示这家公司,大概率正在酝酿危机。

是高光时刻,也高处不胜寒

物极必反,月满则亏,这是万物的规律。

努力攀登事业巅峰的我,当时一门心思往前冲,不会想到正在酝酿危机的是我自己。

2005年初我到中化国际就任董秘的时候,虽然算是跻身上市公司高管序列了,但董秘在高管团队里是排位靠后的,我的薪酬待遇实际上还是跟公司中层干部差不多。毕竟是获得了一次难得的职场发展机遇,来到新的岗位上,我迫切需要证明自己。于是我埋头苦干,把自己的几乎所有时间都投入到紧张的工作中。每天一早大概七点半，我就会到办公室，一直工作到深夜十点之后。当时浦东还没有现在这么繁华，办公楼附近有家 24 小时营业的肯德基，就是我的深夜食堂。我都不记得多少次在结束一天疲惫的工作后，去那家肯德基点个套餐充饥，然后回去洗澡睡觉，再去迎接新一天的工作。

我孤身一人在上海，家人都在北京，事实上过的是"已婚享受未婚待遇"的日子，每天重复着"宿舍—办公室—深夜食堂—宿舍"的闭环路径。周末没有急迫工作安排的时候，我就周五晚赶回北京，阖家陪伴老爸品尝美食，周日晚上再飞回上海。尽管长期缺失了与家人共享天伦之乐的机会，并留有没能陪伴孩子成长的遗憾，但我当时还是义无反顾，心无旁骛，成就感满满。

我的努力当然也获得了应有的回报。中化国际作为世界 500 强企业旗下最早与市场接轨的上市公司，整体薪酬福利应该说在全国所有同类型企业中位居前列。我们在央企系统中首批股改成功，投资者很满意，公司创利及市值连创新高，连带我们所有管理层获得的奖励也上了个台阶。我的超额付出，最终使我在家庭物质生活水平大幅提升方面起到了"支柱角色"作用，还为女儿实现出国留学梦想奠定了坚实的物质条件基础。女儿也很出息，她在美国先后就读于波士顿大学和哥伦比亚大学，且成绩优秀。

现在回想，我这一代人在四五十岁的职场黄金期，恰好赶上了本世纪初中国经济腾飞的年代。个人的努力加之时代的机遇，又得以在中化国际这样一个高端、广阔的平台上施展拳脚，实现自身的价值，我深感此生有幸。

2006年12月，我在兼任董秘的同时，被提升为中化国际的副总经理，负责公司政府公共关系、资本市场融资项目、公司治理协调等。2007年11月，我再次获得擢升，成为中化国际公司董事、常务副总经理，兼任橡胶事业总部总经理，负责公司人力资源、投资项目管理、政府公共关系、董事会协调、资本市场管理和公司主营橡胶业务的全球战略发展和日常经营工作。此后，我还陆续兼任了南通江山农药化工股份有限公司董事、中化兴源石油储运（舟山）公司副董事长、中化兴中石油转运（舟山）公司副董事长、海南天然橡胶产业集团股份有限公司董事、云南天然橡胶产业股份有限公司董事等职务。

我迎来了自己职业生涯的高光时刻。

必须坦率地承认，人都有虚荣心，对财富、权力、社会地位的追求，这是人之常情，从某种意义上说也是我们努力奋斗的动力。在成为中化国际的常务副总经理——公司事实上的"二把手"之后，我确实有点儿志得意满的感觉。想起小时候"鸡蛋自由"的梦想，想起初为人父又当"临时工"时期的贫困窘迫，想起为了攒钱买个小摄像机，我们挑灯奋斗的那些日子，我想终于熬出了头，苦尽甘来，顿时百感交集。

"毛子这个人,优点是认真,缺点是太认真。"这句话出自中化集团时任总裁刘德树,他是在集团高管评议提升我为中化国际常务副总经理的会议上说的。后来给我转述这句话的集团人力资源部的总经理说:你看刘总对你的这个评价,到位不到位?我说没错,刘总和罗总都了解,我是个爱较真的人,这不就是我的"毛嘉农风格"嘛。

优点是认真,缺点是太认真——实际上,当时春风得意的我,只注意到了这句话的前半句,是对我人品素质的赞许,而忽略了后半句,是对我这个人有时候锋芒毕露、容易树敌的批评。正是后半句话指出的缺点,导致了我"高处不胜寒",即将面临人生的又一次跌宕。

压垮我的最后一根稻草

作为公司"二把手"的我,竟然公开跟"一把手"唱起了反调。

工作上我虽爱较真,但从来都是对事不对人,为了组织设定目标的达成,坦诚沟通,甚至争论,都可理解为团队成员各司其职的尽职行为。不过现在想来,当我身处高位的时候,在履行职权过程中必须"讲政治""守规矩",特别是与"一把手"磨合尚不充分的时期,应在公开场合维护其权威和形象,处事需格外谨慎。

比如在任中化国际常务副总的时候，因为分管人力资源，我对公司关键岗位人才梯队"选、用、育、留"的科学管理体系建设，尤其是体系实施过程中，关键岗位胜任力评估以及绩效考核机制不断优化完善等方面，都格外关注。在我的认知里，一切工作的起点都是要选对的人来做，以至当我在面对一些诸如并购、投资项目以及投后运营管理方案的审核时，也会把被投企业的人员构成和素质，以及公司投后管理团队的选聘等重要性，放在其他诸如业务成长性、盈利能力、资源潜力、商业模式等之上来考量。实际上，这是我与其他一些高管在审评过程中思维方式上的差异，我对凡是涉及"人"的因素都会非常敏感。

但在中国长久以来形成的企业文化和权力格局中，"人"的问题，也都是"一把手"最在意的。从某种意义上可以说，用人，就是"一把手"的核心权力体现。

由于存在这样的认知差异，当中化国际调换来一位新的"一把手"，我发现我和他在面对一些问题时，意见有很多不一致的地方。这时候"讲政治""守规矩"的做法，应该是私下里先与其交流，尝试在理解对方意图重点的情况下进行深入沟通。而我自以为深入一线，对公司情况比新领导熟悉，便以常务副总经理理应帮助公司把控决策效率为理由，经常在开会时候，就把一些和"一把手"不完全一致甚至相悖的意见，毫无顾忌地讲出来了。有时候是"一把手"刚就某个人的表现或者某项议题发表完意见，我就接过话头来说，我还有一些补充，或者我觉得这个问题还有另一个维度可以探讨——这就是职场语境里很忌讳的表达方式了：打破组织内部层级规矩，一、二把手说法不一致，将会造成团队成员的困惑和猜疑，不利于整体步调一致地团结协作。

如果说公开同"一把手"唱反调，还只是人际关系或者工作态度层面的问题，虽然埋下了一颗大雷，但这颗雷还不至于立刻就爆，那么当我直接负责的橡胶业务板块遭遇全球金融风暴的冲击，面临巨额损失，孤立无援、极度自责的情绪，成了压垮我的最后一根稻草。

2008年6月，中化国际收购了新加坡上市公司GMG Global Ltd. 51%的股权，成为其控股股东，这是中化国际第一次并购海外上市公司。GMG是一家橡胶生产企业，它的运营和销售部门在新加坡，而橡胶种植基地在非洲的科特迪瓦和喀麦隆，当时拥有超过400平方公里的橡胶种植面积。借助这次收购，中化国际将橡胶生产线迅速拓展到了非洲国家。

收购GMG公司之后，中化国际橡胶总部负责人调任新加坡GMG公司总经理，总部的空缺岗位就落到了我这个常务副总肩上。

中化国际橡胶业务历经几代人数十年的努力发展，天然橡胶业务已从最初的单纯贸易为主导，发展到横跨种植、加工、营销、期货等四大领域的一体化运营；产业地域范围也随着战略发展，从国内的海南、云南延伸至东南亚的马来西亚、印度尼西亚、泰国以及非洲；业务文化内涵也涵盖了不同的民族、宗教、法律、语言（中文、英文、法文、土著语）等。橡胶是中化集团的主营商品之一，中化集团肩负着这一国家战略物资保障和营运的重要使命。接任如此重要且经营跨度大、内涵丰富的橡胶业务的主要领导管理工作，对我来说既是锻炼的机遇，也面临着业务不熟、期货知识缺乏、橡胶板块经营班子需重新搭建等严峻挑战。当时我心想，兼任这个职务应该没大问题啊，我做了这么多年医药化工产品的外贸，对这块业务并不陌生，只要抱着认真负责的态度来钻研橡胶板块业务，没有理由做不好它。

我是 2008 年 6 月接手中化国际橡胶事业总部总经理一职的，不料到 10 月的时候，全球金融危机爆发，大宗期货市场遭受严重冲击。仅仅几天时间三四个跌停板，我们的橡胶期货业务从上半年整体盈利大约 3.5 亿元，到年底因市值损失、客户违约，加上遗留的 2.73 万吨高价高龄库存产品跌价减值，账面亏损 5 亿元。也就是说里外里加起来，相当于这个板块损失了约 8.5 亿元。

资本市场的残酷就在这里，一个突如其来的外部冲击，香饽饽就成了苦果。

按照当时中化集团领导帮我解压之词：全球金融危机的爆发有其偶然性和不可预知性，橡胶业务板块突然巨亏的责任，不能全算在新接任的毛嘉农头上。但我个人还是觉得，既然我是这个板块的负责人，就难辞其咎。

那段时间我压力极大，整夜失眠，有时吃三片安眠药都睡不着，大把大把地掉头发。每天想的都是作为中化国际常务副总，一接手这项中化国际主营业务板块，就给公司带来如此巨大的损失，这将极大影响上市公司在资本市场上的市值表现，这种严重下滑的局面还看不到头，我此时又不具备"扭转乾坤"的领导力，如何面对接任时如此信任我的板块同事以及集团领导的厚望……

其实很多人都对我表示理解和宽慰，罗总找我说，小毛别太自责了，这是公司的事情，咱们共同想办法。我也很感激，说起来道理都明白，可自己就是控制不住，陷入深度自责的消极情绪中不能自拔。再加上前边说的，我上任公司常务副总后，就有点儿"志得意满"的状态，结果从过度自信一下跌落到极度自卑和自我怀疑，整个人心态都崩了。

从10月金融风暴，到当年年底这两个多月时间，我几乎没回过家，除了在办公室上班，就是把自己关在宿舍房间里，不愿意见任何人。后来听我的一些同事说，那段时间在公司里碰见毛总，看上去与以前很不一样，眼神经常"恍惚"，状态很不对头。最后是我第二军医大学的一个老战友看不下去了，硬拉我去医院看精神科，医生诊断我是"重度抑郁"，让我吃药缓解。

从医院回来，我那战友就说，你没有家族精神病史，这肯定是短期压力过大造成的。解铃还须系铃人，你得自己找找原因，把你产生精神压力的因素找出来化解掉。不然的话……他说：你平时住几楼？

我一愣，说：九楼。

他说：你别住高层了，换个低一点儿的房间，还有不要自己开车，让司机开。

我明白他的意思，说：你放心，咱是当过兵的人，我的命只能交待在战场上。

他说：亏你还知道。当过兵的人，能轻易认输吗？现在是和平年代，区区一点儿工作挫折，就把你打垮了，像话吗？

这话突然一下把我点醒了。是啊，我是军人，必须以战场胜利为荣，以不战而退为耻。如果说我自责给公司造成了损失，那么就应该以"置之死地而后生"的勇气，努力工作弥补我的失误。自己陷入重度抑郁，实际上是一种心理上的懦弱，是把个人面子得失看得太重了。

战友又说：你这样下去，也对不起你的家人啊。

这话又让我一震。是啊，我还有老婆孩子，还有一直以我为骄傲的父母，我怎么能让他们失望？人在任何时候，不管捅了多大的娄子，总还有不计较一切、永远无条件支持你的家人。就是为了不让家人至亲的期待落空，我也得振作起来继续履行好家庭"顶梁柱"的职责。

我开始平静下来，剖析自己的问题所在。

我这个人从小到大，都是自尊心过强，自己给自己施加过分的压力——在很多时候，压力确实能转化为动力，我给自己设定的高标准，驱动着我不断努力，追求卓越，在任何事情上都不甘人后。过去几十年的职场生涯，我都是凭借这种自我驱动力在向上攀登。

可当我有了一些成就，快速实现了自己期待的名望地位之后，过度的自尊心得偿所愿，又让我变得过度自负，内心认为自己无所不能——这就是俗话说的"飘了"。想起罗总让我接手橡胶业务的时候找我谈话，他问我行不行，有没有信心。我当时的表现就太狂妄了，嘴上说"没问题，保证完成任务"，心里想："我要是干不成，也没有别人能干成。"

事后复盘，我明显是过于专注具体的业务状况，而忽略了宏观经济的外部风险。即便是全球金融危机爆发，也并不是没有预兆、无迹可循的。我们这些专业人士，理应保持更高的敏感度，提前预判风险转化成危机的概率。然而种种苗头都被快速增长的业绩表现屏蔽了，这就是陷入过度自信的人，视野中产生的盲区。

自负和自卑，在心理学上从来都是一体两面。一个人顺风顺水、过度膨胀的时候，往往就预示着危机的到来。这第三次人生的跌宕，更多发生在我的内心世界里，而我周遭的外部环境，同样由于我的不理智作为而潜藏着重重危机。当我花了几个月时间医治重度抑郁，带领橡胶业务团队重振旗鼓，一举扭亏为盈，并开创出更加广阔的发展局面时，第四次跌宕接踵而至：我被贬职调动，从上海"流放"到天津。

懂办公室政治，但不热衷权谋

现在的职场中人，特别是年轻白领，对"办公室政治"这个词应该都不陌生。不论你有没有被卷入办公室政治的风浪中，至少耳闻目睹过。有人的地方就有江湖，有权势、利益的地方就有争斗，这是人性使然。

所以，如何应对办公室政治，在我看来，是年轻人进入职场的一门必修课。

我因父亲受家族亲属举报，含冤受苦，自幼心底里就自卑、压抑，非常讨厌钩心斗角，对一些所谓"厚黑学"的东西嗤之以鼻。从毕业参加工作开始，我就信奉实干，人应该凭本事吃饭，在企业里就是拿业绩说话。你有了能力，有了业绩，只要不是在一个昏庸的领导麾下工作，迟早会有出人头地的一天。

但我在这里要总结的经验教训，已经不在这个单纯的人与人争名夺利的层面。我想说我们怎么理解"办公室政治"这个词。只要说到"政治"，无论大到国家、社会层面的治理，还是小到一家公司、一间办公室里的人际关系处理，我们都应该洞悉其运作的规则。要懂政治，但不要热衷权谋。

以我为例，为什么我事后总结自己的职业生涯，发现"公开同一把手唱反调"这件事犯了忌讳，就是因为我的行为事实上不光是得罪哪个领导的问题，而是破坏了办公室政治的生态，"坏了规矩"。我们的组织原则，向来都是尊崇权威，强调集中统一领导。那么既然组织上任命了一个新的"一把手"过来主持工作，无论我个人对"一把手"这个人有何看法，或者某件事我认为他的决策欠妥，我都应该首先注重维护领导集体的权威，而不是公开对峙、表示出对领导的不服从态度。因为具体办事和反映问题可以有很多种方法，而这种领导权威和集体团结的氛围一旦被打破，那按照组织原则，一定是先把我这样的"刺头"拿掉，这是"立规矩"。

所以，即使我能力和业绩都出众，又在尽职尽责地为公司服务，事后来看，我遭遇职场上的挫折也是迟早的事，自己埋的雷一定会爆。更何况我负责的业务在突如其来的金融风暴中出现过巨额亏损，理当被问责。在全球金融风暴严重冲击后，经过一年来痛苦艰难的磨炼、摔打和实践，我终于带领橡胶业务杀出困境，实现超出年度业绩目标的经营业绩，并闯出可持续发展的新天地。但2009年底，集团一纸文件下来，免去了我在中化国际的董事和常务副总经理职位，同时任命我为中化天津有限公司的常务副总经理，主要负责集团染颜料产业板块重组和境外并购业务。

这一任命如果按央企对应的行政级别来看，是连贬三级，实际上就是"流放"。

当然，职位有高低，但工作不分大小，每个地方都有重要的业务。集团人力部门找我谈话的时候就说，因为当时国资委刚刚把沈阳化工研究院划归到中化体系，沈阳化工研究的主要方向一是农药，二是染颜料，而中化的染颜料进出口贸易主要就是放在天津公司这里，所以对我的这一任命，也是集团希望我凭借过去的丰富经验，再去开拓一片新天地，把染颜料产业板块做得更好。

不管怎么说，面对这一任命，我内心的失落感是很强的。我去天津公司报到，天津公司的总经理见到我就说：毛总我真搞不懂，你怎么就看上我们天津这块地方了？你在中化国际这么高的平台上担任要职，明显是集团的重点培养对象，你应该步步高升才对，跑天津来干吗？

听到这话，我只有摇头苦笑，说我是军人，服从命令听指挥吧。

我理解天津公司总经理的弦外之音：这么高级别的"常务副总"空降给他当第一副手，这是多大的制约和威胁啊！

但说实话，我在被免去中化国际常务副总职位的时候，就已经想一走了之。辞职信我又不是没写过，想想正好十年前，1999年我就给时任中化国际总经理的罗东江（2009年他已经是集团副总裁）写过那封"以退为进"的辞职信。当时名义上说是辞职，实则是我想进步，也很幸运获得了罗总的赏识和重用。2009年当我从职场高位跌落，真的灰心丧气、萌生去意的时候，罗总又找我去谈话。

聊了没几句，罗总就说：你现在肯定想走，但你要是就这么走了,让我很没面子。

我心想,罗总说得没错,我是他提拔起来的人,不能给他丢脸。

罗总又说:你也别就这么一蹶不振,当过兵的人,跌倒了怕什么,你要真有本事,再爬起来不就行了?

当时集团人力资源部总经理也对我说:毛总要相信自己,"韬光养晦"啊。

我听懂了他们的言外之意。集团高层对我贬职任用,而不是弃置不用,这就表示敲打的同时,还是给了我反省、自新的机会。

其实人在任何时候,只要自己不颓废沉沦,就不至于落入完全看不见任何希望的绝境。上天给你关了一扇门,一定还会再打开一扇窗,这话也是没错的。我后来经常跟人说,出来混,早晚是要还的——但是你还完了该还的,清除掉负能量,还是会迎来转机。为什么我总说自己经历了多次人生的起伏,因为"伏"之后肯定还有"起"嘛。

我只是不知道命运的安排,在我被"流放"到天津,历经人生第四次跌宕之后,我的下一次"起",竟是真的决意离开奋斗18年的中化集团,走向另一片商海,搏击风浪,实现价值。

第八章
事业成功了，可说好的幸福呢

这封辞职信,是当真的

辞职函

D 总、L 总:

你们好!

因长期在外工作,未能很好地履行父亲和儿子的责任。现女儿马上要出国留学(我准备在她留学初期在外陪伴),加上父母均 80 多岁高龄且年迈体弱需要更多照顾和陪伴。经过深思熟虑,我不得已提出因个人原因辞去我目前在中化公司所担任职位的申请。

在中化公司工作 18 年,在精力充沛、充满激情的职业生涯中,我历经进出口贸易、业务管理、投资管理、酒店管理、资本市场管理、产业整合管理、投资并购管理等多个岗位的历练,从一名临时工成长到复合型关键岗位人员,这里凝聚着集团领导和同事们多年来的教诲和关爱,我感恩之情铭记在心。同时,在中化公司工作的经历将成为我职业生涯中最引以为豪的荣誉。

对于由此给公司造成的不便,我深感抱歉。但同时也希望公司能体恤我的个人实际困难，对我的申请予以考虑并批准为盼。

感谢中化公司！

祝福中化公司！

申请人：毛嘉农

2011 年 3 月 16 日

写下这封辞职信的时候，我内心充满了矛盾与不舍。从 1993 年到 2011 年，从临时工到上市公司高管，我在中化集团度过的 18 年，是自己一生中最有拼劲和激情，也经历了最多酸甜苦辣的黄金岁月。到了告别的时候，人不可能不恋旧，但最终还是要抖擞精神，迈步向前。

辞职信中所写的"个人原因"，包括要陪伴女儿和照顾父母，当然是很重要的因素。我这个"工作狂"的所作所为，早就对不住默默支持我的家人，我自己也常怀愧疚之心，却被工作事务缠扰而身不由己。在某种意义上说，从职场巅峰跌落，可能是上天对我的一种暗示：毛嘉农啊，你也该多腾出点儿时间来陪陪家人了，不然的话，当心将来后悔莫及——我确实也在被贬职而突然闲下来的那段时间里，冷静反思过自己对家庭的亏欠。

但是，我这种事业型的男人，要一下子彻底转变思维和性格，也不太可能。我心里很清楚，自己年富力强，还没到退休的时候，要我放下工作去享受生活，即使我有能力做到，也会很不甘心。这时候的我，在衡量人生的种种得失时，仍然是把找到一个新的可以施展抱负的事业舞台放在更优先考量的位置。我总是宽慰自己，还有时间，我也还有责任，等我再拼一把，争取实现财务自由之后，再去好好规划和享受自己的幸福生活。

从这个角度延展思考的话，我发现，我在中化集团内部的职业上升路径，似乎已经障碍重重了：在天津公司的常务副总位置上留下来继续奋斗，机会不是没有，但我还得面对极大的不确定性。过去我从底层做起，像爬山一样，只顾埋头攀登就行了。可这时候已经做到一定高度，我发现制约我的已经不是自身的能力，而是更加诡谲叵测的外部环境。

我也认识到所谓"办公室政治"在"顾全大局"之外的另一重残酷性：越往高处走，越是无力掌控自己的命运——随时有可能，一张薄薄的 A4 纸落下来，就把你安排到一个未知的地方从头再来。如果一直是这样不可控的状态，我为工作殚精竭虑甚至自责抑郁的意义何在？我怎么敢信心十足地继续攀登而不担心什么时候再次被打落深渊？都说人生就像登山，有恐高症的我人到中年，才若有所悟。

那么，如果我决心跳下中化这艘大船，把眼界拓宽向外看的话，我能去哪里呢？

恰在这时，上海的一家民营公司——华拓医药，向我抛来了橄榄枝。

面对重大抉择，我用一张纸排利弊

其实之前我在中化国际做成"金牌董秘"，在业内有了些许名气之后，经常受邀去给其他拟上市企业和行业协会做公司治理和战略运营管理等方面经验的分享，也受邀担任了一些上市企业的独立董事，如永辉超市股份有限公司、上海拉夏贝尔服饰股份有限公司等。作为独立董事，我在董事会数个专业委员会担任主席和委员，尽职尽责调研这些企业的战略发展方向，健全和完善战略运营风控体系和加强关键岗位团队建设，真心实意向老板提供决策参考意见，赢得了在资本市场上"实战派职业管理者"的口碑。

当我在中化天津公司萌生去意，思考未来走向的这段时期，恰好有次去三亚开会，作为外部董事，参与上海华拓医药股份有限公司（简称"华拓医药"）这家民营公司的年度董事会。

华拓医药成立于 2000 年，成立之初主营业务聚焦于化学仿制药的研究开发，先后有国内多家产业投资机构参与投资。历经十年的发展，公司形成以化学仿制药"磷酸肌酸钠"为主营产品，拥有化学原料药及制剂生产基地和营销资质、较为完整产业资源的研发驱动型医药企业，同时也面临观念亟须转变、人才短缺、整合能力欠缺、管理体系亟待完善等协同增效方面的压力。

我参加的这次华拓医药年度董事会，明确了公司发展定位：集成创新资源、高效技术转化的医药健康产业价值创造者。对运营管理团队提出了明确的要求：华拓医药未来几年通过内涵式增长（挖掘优势并充分发挥、组建复合型骨干管理团队、提高营运资产效率、提升人均创利能力、形成专业化的产品梯队体系、做好市场推广与渠道管理），完成外延式扩张所带来资源的消化和一体化，做实、做强、做大；以此提高企业运行质量，加速推进企业资本市场运作发展目标的实现。

开会期间，有次我中途离场，去了趟洗手间回来，一坐下就感觉气氛变了，所有人都看着我。这时候华拓医药的董事长毛杰就对我说：刚才我们董事会主要成员一致提议，聘请你担任华拓医药的 CEO，来领导公司实现股东提出的战略目标。需要什么条件，请你尽管开口。

我有点吃惊：上了个厕所的工夫，你们就决定聘用我了？这个提议，真是出乎我的意料。

华拓医药的机构投资人看重我的医药和管理专业背景，以及过往的实战成绩，企业也正处在向资本市场突破发展的一个关键节点上，急需拥有丰富产业运营管理经验和熟悉上市公司资本运作的资深专家引领，所以给我开出的薪酬也很优厚：不低于中化平台的年薪，再加上根据年限和业绩不断授予的股票期权。

毛杰董事长后来私下对我说，他知道从世界500强央企这么大的平台出来，到华拓这样一家2000年才创立的民营医药科技公司，我心理上肯定会有落差。但他承诺说，到华拓来，我将获得极大发挥能力的决策空间，公司日常经营和资本运作相关事宜都交由我全权负责。董事会中的机构投资者也一致劝说：在大央企里，你这个"不断重复救火"的角色还有多大成就感？华拓虽然是"一座小庙"，但也正在积极筹备企业上市等资本运作事项，在这里努力干几年，完全有机会实现个人财务自由的梦想。

我被毛杰董事长的诚意以及投资人坦率的劝解打动了。他们设身处地为我分析的，也是我非常重视的"时间成本"维度：拼命干几年，目标是搏一个财务自由，干不干？这当然对我来说是一个巨大的诱惑。

但事关个人职业前途的重大抉择，也不能只看利益回报，还得从"天时、地利、人和"多要素综合分析面临的挑战。我习惯的思考问题的方式，是拿一张A4白纸，一条条列出所有能想到的机遇与挑战、优势与劣势，把这条路上可能面对的问题，列出清单进行权重排序：

一、大股东信任度的保持。华拓医药这家公司的两个大股东，一个是毛杰董事长，还有一个是我大学同学，早期是他俩合伙创办了这家公司。那么这两方目前对我都是高度信任的，这种信任度能否长久维持下去，是我作为新任 CEO 能否顺利开展工作的先决条件。

二、股东期望值的管理。华拓医药这家公司有 85 位股东，其中有 5 人是我大学的同学，而且全在公司不同的关键岗位上任职。他们"股东+管理层职务+同学"多重身份交织，在未来规范的公司治理架构中，如何让他们做到时时摆正定位和认知，又是一个重要的冲突问题点。

三、公司战略定位。毛董找到我的时候是 2010 年底，华拓医药已经创办了十年多，股东回报没有大的起色，因为生物医药的研发是个漫长的过程，而且华拓的摊子铺得有点儿大，想做很多事情，专注度和资本运营效率问题突出。如何调整公司战略目标，把有限的资源聚焦到核心项目上来，是关系公司未来命运前景的关键，也是可能引起被削减资源配置的业务板块强烈不满甚至发生冲突的问题点。

四、运营体系规范。在建立"职级清晰、职责明确、奖惩有据、协同增效"的运营体系过程中，原有团队的观念转变、舒适区突破、职位调整等方面的工作技巧和实施节奏，是成功的关键点。

五、短期现金流紧张问题如何解决？运营资源优先聚焦主营产品、"市场需求导向"的降本增效、产销协同扩大市场占有率是主攻方向，严控无效研发支出。

六、能否组建战略联盟提升公司在行业内的影响力,避免陷入价格战?与国家标准机构合作,加大主营产品质量标准提升和成本降低方面的研发投入和突破,从根本上摆脱同行价格战,在互惠基础上强化战略合作关系的建立。实施重点在核心团队"短期狭隘格局"的突破和提升。

七、如何抓住资本市场的机遇,通过上市、并购等举措使股东价值最大化变现?要使85位股东在"战略定位的共识、规范运营改革的实施、面临困境的团结一致"等方面始终保持相向的支持,资源配置和工作议题重心必须以"股东价值最大化"为目标导向,并且工作结果必须与资本市场价值认可保持同步。

……

一张 A4 纸,问题列出来满满当当。

股份公司的运作,核心逻辑永远是利益分配。所有人的问题、事的问题,归结到本质,都是对利益格局的切分调整是不是做到了科学有效、合情合理。对个人来说也是这样,当我们提到利弊权衡、时间成本等等这些问题,特别是面对职业赛道的转换抉择时,我认为在考虑"别人能给我什么"之前,先要想清楚"我能为别人创造多大价值",以及如果我要达成这一价值创造的目标,具体应该如何科学、有序地推进。

就像我用一张 A4 纸列出这么多问题,我发现要达成对这家公司的优化重塑，排在前列的问题都是关于"人"的——那我就先解决"人"的问题。我先后跟华拓公司股东里其他四位我的大学同学谈了，每个人对公司发展方向乃至具体业务项目的开展，都有自己的惯性主张。我说如果我来管理这家公司，那大家就要给我充分的信任和授权，在公司里我们要按照职级定位和组织规矩办事，你们就信我一句话：只要我们齐心协力，各司其职，几年之后，我会让你们每个人都回家躺在床上数钱去。行不行？

他们都说"行"。

我有底气说出这样的话，不是夸海口，而是凭借多年从事上市公司资本运作的经验，经过缜密的谋划和测算，对华拓医药的未来发展路径做出了预判。

2011年4月，我从中化集团离职后，正式出任上海华拓医药科技发展股份有限公司的董事兼CEO，全面负责公司产业资源重组、规范治理体系建立、战略运营发展及日常经营和资本运作等工作。

通过短短不到五年时间的战略运营和资本运作，2014年2月，哈尔滨誉衡药业股份有限公司收购上海华拓医药98.86%的股权。华拓医药成为上市公司誉衡药业旗下的"现金牛"，主营业务市场份额居中国市场第一位。对华拓的股东来说，我让他们手里的股权实现了380%的增值，并圆满完成我作为CEO同誉衡药业董事会签下的三年对赌协议中约定的业绩目标——事实上，我提前了一年时间并且超额完成。2015年8月，誉衡药业继续收购华拓医药剩余的1.14%少数股东权益。基于对我出色业绩的肯定，2015年，我还荣获了中共上海市委组织部授予的"上海市领军人才"称号。

2015年1月，我以被收购企业华拓医药的"价值资产"形式进入誉衡药业出任COO，帮助优化誉衡药业集团的战略运营管理体系和资源配置规划。上海华拓医药成为誉衡药业的全资子公司。

厚积薄发，功成身退——我在华拓医药一直服务到了2016年底，在完成与誉衡药业对赌协议的全部职责后，我为自己的职业生涯画上了完美的句号。这几年在管理、运营华拓医药过程中发生的一切，包括我给自己设定的财务自由目标的达成，几乎都在我答应毛杰董事长加盟之初，那一张A4纸的考量范畴之内。值得自豪的是，我有序地规避了诸多矛盾、问题的同时爆发，科学、有效地协同相关资源凝聚共识、协同增效，完美把控住了"天时、地利、人和"的成功机遇。

只除了两件事没想到：一是毛杰董事长英年早逝，二是妻子向我提出离婚。

太阳底下，没有新鲜的坑

华拓医药的创始人、董事长毛杰先生，年长我八岁的一位大哥,他真是个好老板。

2006年初,我还在中化,他因公司要进行股份制改革,诚邀我给予帮助。有一次他约我见面,我正在南京开会,他就冒着大雨亲自开车到南京,把我接到他上海的公司。我感动于他的坦诚、平和。我们俩那段时间频繁接触,越聊越投缘。这大哥早年是上海国营棉纺大厂的劳资科长,从万人国企里跳出来下海创业,从事过驾校、饭店、OK镜等诸多创业项目,社会阅历丰富,个性沉稳内敛,属于那种面慈心善的老板。他做得最成功的企业就是华拓医药,即使做董事长了,日常生活也很节俭,理个发从来不去高级店,就在几块钱的路边摊理。但他对待公司股东和员工却并不吝啬,分红、员工福利、发奖金都出手大方,有口皆碑。在他身上,我看到了老板大气的胸怀与利益分享格局的融合。

我下定决心从中化离职加盟华拓,有很大部分原因,是出于对这位创始人的敬佩与尊重。记得毛董对我说,他知道自己心软,在管理企业的时候经常做不到杀伐果决,所以他需要引进我这样一个职业、规范且执行力强,甚至可以说有点儿狼性的管理者,来代替他把企业导向可持续发展的快车道。他既然看准了,信任我,那就是一言九鼎,答应给我的权限和回报全部做到位,对我在经营中提出的合理化建议全部采纳。我觉得这就是有容人之量的带头大哥,你看他遇事不动声色,但心里跟明镜一样,什么事情都是看透不说破。

真的很可惜,这么好的一位大哥和老板,前几年不幸患胃癌离世了，希望他在天国安好。

与毛董相反的，我从业中合作过很多企业老板，他们由于过度自信乃至自大，往往陷入过往成功经验形成的思维定式中跳不出来，心胸和格局并未与事业同步提升，并不愿真心听取旁观者的合理意见乃至"逆耳忠言"，最终把辛苦创建的企业一朝葬送——这样的案例，在商学院的教材中很常见，在我这些年作为企业管理顾问和外部独立董事接触到的企业中也屡见不鲜。

我曾担任过多家上市公司的独董、顾问。退休后陆续有企业慕名找来，我都婉言谢绝了。因为这些年在多个行业里接触、观察下来，我发现中国的民营企业，"其兴也勃焉，其亡也忽焉"。很多公司在企业发展早期，依靠创始人的勇气和见识，加上各种机缘巧合踩中风口，就野蛮生长起来，迅速迎来自己的高光时刻。但是就像我自己的职业生涯由一个接一个的"跌宕起伏"组成一样，人一旦"飘"了，危机就会在前面不远处等你。

很多创业者本身非常优秀，你不能说他们不爱学习，恰恰是他们太爱"学习"了，读了很多企业管理的书，上过很多商学院的课，最后自己的企业却做成了失败案例。这是怎么回事呢？在我看来，就是"一度成功者"的思维怪圈，他们过于迷信自己最初获得成功那个阶段的经验了，之后"学习"到的所有其他案例，都在强化他们对自己成功路径的信念。殊不知商场如战场，局势瞬息万变，现在的世界早已不是你当初崛起时的那个世界了,尤其是当企业规范化运营体系基础以及风控管理机制和意识跟不上企业规模扩张的节奏时,如果又听不进别人的建议和忠告,就会一步步走向大败局。

还有一点,是关于资本市场,因为接触过形形色色的投资人和被投企业,我现在的态度就很谨慎,或者说有点儿偏悲观:能经受住资本的诱惑、坚守住自身主业和初衷的企业家太少了。一旦企业上市融资之后,手里有了钱,受资本回报的"裹挟",就要搞并购拓展、多元化快速发展,大举扩张,甚至进军一些此前从未涉足过的领域。殊不知,每个企业和每个人都有自身的禀赋基因,同样的事情别人能做成,你未必能行。

后来有些老板找我,被我婉言谢绝之后,就说:毛总你这人很奇怪啊,你对挣钱没兴趣吗?我都笑笑说:不是我对挣钱没兴趣,而是如果你不懂得这些钱融过来怎么合理使用,那么对个人来说,挣钱越多,幸福指数越低;对企业来说,从成功到失败的转换,经常就是一眨眼的工夫。也有人说:我们不会再犯那些低级错误。我也是笑笑说:能犯点儿高级错误那倒还好了,也算能给商学院的案例库补充点儿新鲜素材。可惜的是到头来,你会发现大家兜兜转转,还是栽在别人无数次栽过的低级错误的坑里。

在华拓医药的我们五个大学同学里,其中一位叫阿辉,他原本在海南军转改制的药厂里发展,生意做得也挺好。他用企业的股份，置换投资华拓医药成了股东。我到华拓医药之后梳理业务板块，决定将主营产品的原料、制剂生产性资源整合协同。我劝说阿辉：我们一同到华拓医药上海总部打拼，你负责产业板块管理，历练实业统筹格局思维和规范化管理能力，也为将来掌控自己的事业，奠定资源和能力基础。

阿辉那边主要的阻力来自家庭，他老婆起初不同意，觉得在海南安稳过点儿小日子挺好的，背井离乡跑到上海太辛苦。最终阿辉说服家人出来搏一把，他六年的努力和付出，兑换了我们当初的回报目标和承诺，同时也为后来他将自己的海南原企业与当地知名药业双赢重组，并成为重组后企业的常务副总，奠定了良好的基础。

这算是我又一次辅佐他人"背井离乡"出来奋斗成功的案例。我自身的职业生涯中，三分之二以上的时间都处在迎合甲方的要求和给予的工作机会（我称之为"知彼"）而不得不"背井离乡"的工作环境中，所以，当我遇到朋友、同事、职场后辈特别是年轻人，向我寻求职业发展选择建议时，我都会告诉他们：如果你遇到了梦寐以求、难得的好机会，能下定决心不惜代价要干某件事，那你就放手去做，尽人事听天命即可。否则的话，尽可能不要背井离乡。如果你有家庭的话，尽量不要和伴侣长期异地分居——因为我有了家庭解体的教训，我把离婚这个对我来说是出乎意料的重大挫折，看作人生经历的第五次跌宕。

一转身，我的家没了

2017年的春天，我们两口子一起去美国纽约，参加女儿在哥伦比亚大学的毕业典礼。

女儿以全优的成绩从哥大研究生毕业，并且是当届唯一一位亚裔优秀毕业生，对我这个父亲来说，是一辈子值得夸耀的事。当时我心里也有一种如释重负，对家庭履行完一项重要职责和长期义务的感觉。因为女儿在国内上中学的时候就对我表达过，不想在国内经受高考的"摧残"。我说那咱们就立志去国外上最好的学校，但这需要雄厚的经济基础。所以之前我工作那么拼命，既是出于自己的上进心，也有对女儿承诺的责任。

终于，在我个人实现职业生涯奋斗目标的时候，女儿从美国名校完成本科和研究生的学业，有了独立闯荡世界的能力和资本，我可以很轻松地规划自己下半辈子的生活了——我父母都得享高寿，说明我们家有长寿基因，那么对于当时才50多岁的我来说，所谓后半生，起码还得有好几十年呢。

我的前半生，以"知彼"为核心驱动，努力、拼搏、透支，在实现岗位职责、家庭责任、个人成就赋予的期望目标后，身体状况已远超出同龄人正常健康指标的范围，并还在加速透支。于是，从 2016 年下半年开始，我陆续辞掉了一些在外部企业担任的上市公司独立董事、顾问等职务，手头的大部分工作也逐步交给陆续培养起来的人。我想的是，奋斗半生，到了要学习"放下"、给自己"减负"的时候，也到了要弥补对家人亏欠的时候。

在那之前很长时间，我忙于工作都很少回家，偶尔回去和老婆相处，她也是态度冷淡，彼此没什么话说。我一直没多想，毕竟这么多年同甘共苦都过来了，我以为她和我之间是有默契的：我们都在各自的领域拼搏，夫妻两人分工不同，都是为了这个家。

没想到从美国参加女儿毕业典礼回来之后，有一天，她平平淡淡地对我说：找个时间，把房子过户一下吧。

我觉得不对劲，怎么突然提什么房子过户的事，就问她什么意思。

当时我们除了北京市区里的房子，还在昌平买了幢别墅，但也不常去住。她说昌平这个房子你要是不住就卖了，可以在市里再买套房子。我们之前有套房子在出租中，她说也该收回来，然后两个人协商一下谁要哪套房子，就办理过户。

我说：房子想怎么办都行，但你到底想干什么？

她就说：咱们分开一段时间吧。

这怎么叫"一段时间"呢？光是办理房产过户的各种手续，就不是短短几天的事。话说到这里，我突然就明白了。

我说：为什么？

她说：很难沟通，不想再忍受了。

我当时也是气血上涌，从小养成的那颗自尊心，让我在处理感情问题时，也没有过多委婉妥协的习惯。我说：那你是征求我的意见，还是已经决定了？

她说：决定了，我们分开吧。

两颗行星，渐行渐远

我和她是大学同学，她来自福建，我来自北京。我们都在同一个大教室里上课，地地道道的同窗四年。

她家在福州，是个纯正的军人家庭。她父亲是老革命，参加过解放战争，1949年之后都在部队报社工作，直到离休。她家姐妹三人，她姐和姐夫都是文职军人。她妹在厦门大学读书，毕业后也留在福建工作。所以三姐妹只有她一个人离开家乡跑出来，可见也是个独立性比较强的姑娘。

或许她这种要强的性格，不知不觉吸引了我，就像我讲过当年执意要考上海的大学，是为了脱离母亲的控制。她从小是外婆带大的，可能跟父母的关系，不如另外两个姐妹那样亲近。我们聊过想要离开原生家庭的话题，感觉比较有共同语言。

自从我毕业留校任教，我妈撺掇她上海的妹妹们，"赶紧给他介绍一个上海的"。我一想,这不成,上海女人管男人特别严,这不就是我妈跟我爸的翻版吗?我暗下决心,婚姻大事一定要自己把控。

我在上海留校任教的时候,她分到了大学旁边的附属医院药剂科工作。因为我没在医院实习过,留校任教还老觉得自己"手生",有事没事就往医院那边跑,到药剂科实地观摩学习,就这么慢慢跟她套上了近乎。按她的话说,年轻时候的我,看起来"傻傻的"——但还有后半句:"傻得可爱。"

我们在一起了。

1987年,我和她都通过了研究生考试,她就留在上海继续读研,而我选择了转业回北京。前面讲过,我有我的打算,并且我其实没觉得上海和北京距离有多远。在年轻人的心里,天各一方并不会冲淡感情,没有什么克服不了的困难。

那一年,我们就在学校里结了婚。

部队里办婚礼特别简单,以今天的眼光看几乎是简陋:就是招呼老师和同学们在宿舍楼里,一起吃喜糖和水果,连酒都不喝,就喝点儿汽水,热闹半天就完事了。我现在还留着当年的"结婚纪念册",相当于现在的来宾签到簿。翻开一看,那天我们教研室所有的老师都来了,还有几个教过我们的老教授,还有留在上海工作的一帮老同学,大家都真诚地祝贺我们俩"修成正果"。

对我来说,整个80年代的回忆,从上大学到留校工作、恋爱结婚,都是朴素、温馨和美好的。大家都没什么钱,生活条件不怎么好,人际关系简简单单,可是每个人都活得很开心,坚定地相信未来的生活会越过越好。

从另一个层面说,两个人结婚组建家庭,也像是合伙创业。我们家这个小"创业公司",就是白手起家,一点一点努力积攒"幸福生活"的各种要素。我转业进入北京医保工作那几年的辛苦,是我初入社会的第一次跌宕。而她在上海读完研究生用了三年,之后就比较顺利,分到部队药检所工作。这样我们两口子经历了三年两地分居,终于在北京团聚了。

然后就是女儿出生,我继续困在单位复杂的人际关系和辛苦奔波的工作节奏里,她也在药检所的岗位上奋斗。典型的双职工家庭,就像只有两个创始人的小公司,凡事都要亲力亲为,这可能也是我们这一代人的宿命。

现在想来,她和我的性格都要强,都喜欢拼事业,在这个意义上说,我们俩应该算同一类人。她因为学术功底扎实,工作又认真负责,很早就提了正高职称,后来又做了药检所的副所长和部队新药评审办公室主任,还经常被借调到各省的药审中心做专家工作,应该说在业界很有影响力,闯出了自己的一片天地。

但我们的问题出在聚少离多。她在北京工作的时候,我要么是全国各地到处出差,要么是后来做酒店管理,长期驻守在酒店里。等我有时间多在家的时候,她又转业到地方创业，经常待在上海。等她从上海结束工作回京，我又作为中化国际董秘被派驻上海。我经常想，一句苦涩的"异地换防"比喻，凝聚了家庭生活的多少无奈和凄凉。占据从业三分之二时间的异地工作，代价就是影响了家庭和睦。夫妻俩见面时间少了，再浓烈的感情也会慢慢淡化，能聊到一起的共同话题越来越少，互相抱怨和心里的隔阂就会越来越多。如果说我们的家庭是一个星系，女儿是一颗恒星，那我们两口子就像两颗行星，虽然总是围绕着恒星运转，却在各自不同的轨道上，渐行渐远。

婚姻是一道复杂的化学题

一个热爱工作、关心我的爸爸

毛涵影

我的爸爸是一个勤快、诚恳、好学的人，也热爱工作，关心家庭。他长着两条浓浓的眉毛，一双笑起来就弯成月牙形的小眼睛，下面还有一条很深的眼袋。他的头发乌黑光亮，额头也很高，上面还有几道皱纹。

爸爸非常热爱他自己的工作，常常工作到很晚才睡。

一个星期六的晚上，我看电视看到晚上十一点半才睡，那时爸爸才刚刚回来。看到爸爸那筋疲力尽的样子，我心里也很不是滋味。我扶爸爸回房间，让他洗一洗，去睡觉。但是当我晚上两点半起床上卫生间的时候，从门缝看到灯还亮着。我悄悄走进去一看，"天啊！爸爸还在打文件！"我惊讶地低声叫着。听爸爸说，他明天要与"人众人"公司开会，所以要把材料准备好。我看着爸爸，眼圈红了，水汪汪的，转身就跑出了房间。躺在床上，我很久都没有睡着，一直在想：爸爸是一个多么敬业的人啊，他这么辛苦，这么努力地工作、挣钱，都是为了我，为了这个家！

这是女儿小时候写的小作文，我一直留着，读起来感觉童言无忌、情感纯真。在女儿眼中，我确实是一心扑在工作上，对身边人严格要求，甚至是苛求。比如女儿虽然在写我的作文里体谅爸爸工作辛苦，但她再长大一些之后，就经常说，爸爸你不要拿你工作中的标准来要求家里人，或者比较武断地给家人的日常生活订计划、下指令：今天吃这个，明天去哪里，什么事应该怎么做……这也可能是男人和女人的逻辑或者天性上的差异，我确实更喜欢以结果目标为导向，凡事预先做好计划，按部就班，而女儿和她妈生活中就比较随意，想起什么做什么。

比如全家出去吃个饭，说好十点出发，她俩磨磨蹭蹭就要晚一个钟头出门。我去饭店一般提前预订位置，有时连菜都提前点好，她俩就要边走边看，看中哪家饭馆想吃了，就在门口排队，一等位就又浪费半个小时……这些在我的意识里都是难以容忍的失误，可生活毕竟是生活，用女儿的话说就是"爸爸咱们这是在家呢"——意思是家里又不是公司，像我这样强调条理和执行力，没必要。

我常说要"知己知彼"，其实在家庭范围内的"知己"和"知彼"这两个层面，我都出了很大的问题：既没有把自己的目标和想法通过耐心充分的沟通传达给对方，也不了解对方真实的需求和意见。家庭生活是由无数个鸡毛蒜皮的小事组成的，事业心强的我们，往往把耐心和包容更多留在工作的平台上，挤占了家人间应有的彼此关心的时间和空间。当我离婚之后回想这些年的家庭生活，才发现矛盾都在细节中积聚，从无到有，由少变多，直至无法调和，分道扬镳。

和妻子分手后，我保留了女儿从小成长的照片和录像，那是我温馨美好的回忆，是人生价值的佐证。我脑子一片空白，木然地办完了离婚手续。

后来女儿告诉我，在美国我们参加哥大毕业典礼的时候，她们母女就聊过。她妈妈说的意思是，要不是为了女儿，早就该办离婚了。而我女儿说，知道你们都是为我好，现在我已经毕业了，你们就别再难受了。大概女儿早就感觉到，爸爸和妈妈平时没有话说，家里气氛冷漠，不是一个正常的状态，也必然不会长久。女儿懂事了，她对感情问题也有了自己的理解，知道不再心有灵犀、理解包容的两个人，分开之后就是各自解脱，对大家都好。

所以我们从美国回来之后，孩子她妈就向我挑明了要离婚的想法。我一度很是痛苦和困惑，人与人的相互理解太难了。怎么我以为的男人在外拼事业、女人料理好家庭事务的分工，到头来变成我的一厢情愿，而她想要的并不是这样的"幸福生活"？又或者，我以为构成幸福生活的那些要素，并不像调配某种药剂，加一点儿"感情"，加一点儿"利益"，再加一点儿"成就"或者"面子"，摇匀了就可以服用。婚姻的长久维系，是一道过于复杂的化学题，而我并不知道正确答案。

幸福生活的四个维度

亲爱的老爸：

又是一年生日时，首先祝生日快乐！身体健康！

今年您51岁了。

在过去的50岁那一年，看到您终于收获了属于自己努力的那份成功。

因P真心地替您高兴！

过去您常不在家，印象中总是您忙碌的身影。

每当出去玩时,您开玩笑似的对人家说:"我女儿和妈妈关系好。"

我总是不答话。

因为我自己知道,我们相处的方式不一样。

虽然我们不常讨论八卦,但是我们谈论的话题很深奥,笑点也很一致!

很抱歉有时您和我说话时我表现得很不耐烦,但是我心里一直知道您是多么的为了我好。

我知道有时候我是身在福中不知福的孩子。

但是您要知道,您为我做的事情,我都有记在心里。

说实话,我很喜欢这两年的爸爸。

没有了那么多的忙碌,也没有了那么多忧虑。

多了很多自由的时间和我们玩耍。

而且脾气变好了好多耶!

然后,就像妈妈说的,您放松下来之后好像是有点儿"二"。

但是我们很开心啊!

哎……纠结一个小时才写了这么点儿东西……

想不出写什么好,好多话积在脑子里就是不知道怎么写。

老爸您就凑合理解理解就行了。

最重要的是我真的老爱您了！！！

最后，

爸比，生日快乐哟！

一定要注意身体健康！要一直开开心心的！

然后赚大钱带我出去玩！！！

耶！！！

爱你的囡PP

老爸最疼爱的囡PP：

昨天虽然接待誉衡老板一行很忙碌，

但还是不时翻看囡宝的生日贺信，

温暖、欣慰和自豪的眼泪不时在眼眶中打转……

这是我有生收到的最好生日礼物——"心有灵犀"。

长期在外打拼，

深感囡宝在美留学面临孤独、压力和无助的难处……

出国留学是比国内读大学更苦的选择，其中的艰辛往往被表面的光环所掩盖。

老爸真不希望囡宝在自己不擅长的方面长期苦苦挣扎，这对自信心的拥有和心理障碍的消除很不利。

这也是老爸曾让你用《现在发现你的优势》来测评自己天生优势的初衷。

也是老爸这两年用此调整职业环境并取得满意结果的验证。

囡宝，你在同龄人中非常优秀——是老爸、老妈最引以为傲的"成就感"。

我们呵护"她"的方式是不同的——老爸太偏重"理性"甚至"刻板"。

总希望囡宝能借鉴年过半百老爸的经验和教训，少付"额外的代价"。

但我过于自信的"信息不对称"和"武断"，经常导致"事与愿违"的结果……

这也是我每天早晚念叨囡宝后独自叹息的原因。

老爸有梦想（打拼的动力）：

—囡宝开心地学（事）业有成；

—每年阖家在美好、轻松的环境中享受天伦之乐；

—实现"说走就走"的环球旅行；

—期盼"小小囡"带来的新喜悦……

老爸深爱、牵挂着囡宝：

翻看儿时相册、爱看父女情深电影、路遇小囡的驻盯、每天早晚面对囡宝送的床头小熊念叨……

囡PP的善解人意，更加鼓励老爸调整好的心态、方式去享受关爱的过程。

老爸步入下半辈子（我们有长寿基因耶），

坚信阖家健康、快乐、如意的美好时光将更加灿烂。

我们一起加油哟！

耶！！！

爱你的老爸

我51岁生日，也就是2014年的时候，女儿用写信的方式祝我生日快乐，我给女儿也回了一封信。其中提到的所谓我的梦想，或者说是我打拼奋斗的动力，后来一度被我总结为自己追求"幸福生活"的四个维度。

第一是希望孩子各方面都好，健康成长，学业和事业都有自己的成就。我认为这是一个人在社会上的价值实现，我的后代应该拥有独立、自信、快乐的生活。为此我愿意投身辛苦的工作，以换取充分保障孩子获得优质教育和成长环境的资本。

第二是阖家团圆，享受天伦之乐。对我来说，这也意味着要有物质和时间的双重宽裕，比如大大的房子、长长的假期、美美的饭菜和彼此牵挂关爱的家人。

第三是"说走就走"的环球旅行。现在这个说法很流行了，也是很多人的梦想。我们都知道外面的世界很精彩，而我不仅要让孩子有能力出国留学，更要让全家人都能有随时享受去地球上任何一个地方旅行的美妙体验。

第四是比较传统和世俗的观念，所谓儿孙满堂，我还是觉得这代表着中国文化中圆满、和谐的愿望。繁衍生息，其乐融融。

这四个维度，在当时我女儿的信中也能看到，女儿觉得我已经称得上"成功"了。并且我过了50岁，也不再像以前那样焦虑和暴躁了，女儿说我"脾气变好了好多耶"。那正是我离开中化到华拓医药，全力运作资本推动并购的阶段，我一步一个脚印，志得意满，已经看到了迈向自由的曙光。

却没想到婚姻的突然解体，给我当头一棒。家庭这个最核心的根基都没有了，我这四个为之奋斗的目标，还有什么意义？我曾经以为自己阅历丰富，但面对这个突变备受打击，感到了深深的挫败感：我奋斗半生的成就和骄傲，在最亲密伴侣的眼中是那么无意义。我们对"知己"的认知偏差大得令自己震惊！陷在惯性思维和视角里难以自拔，这种巨大的心理刺激，迫使我痛定思痛，要寻找更高格局和视角认知自我，就从毛主席的名句开始吧——无限风光在险峰。

第九章
一步之遥,我差点儿成为"尸体路标"

想起那乞力马扎罗的雪

登山圈子里流传着一个说法：除了职业运动员，非商业诉求的普通人抛弃轻松悠闲的日子不过，冒着生命危险还花了大钱跑去登山，一般只有三种情况——受了刺激的、闲着无聊想找刺激的、价值观不正常的。

显然，我属于第一类人——受了刺激的。

离婚之后，我一度很消沉，深居简出，谁都不爱见，甚至跟几乎所有大学同学都断了联系。就像在中化国际任常务副总的时候，我因为遭遇金融危机给公司造成巨额损失，而深深自责到陷入重度抑郁。这种遇到事情就封闭自己内心和逃离正常生活的做法，时间长了很是危险。我也不想再这样低落下去，理智告诉我，必须强迫自己走出去，散散心也好，开拓眼界也好，跌宕之后，人总要再次奋起。

做些什么事情好呢？我想到了登山，确切地说，是完成"7+2"极限挑战。这个看似遥不可及的目标，像一团小火苗，在我心里燃烧了起来。

"7+2"极限挑战所包括的攀登世界七大洲最高峰和徒步抵达南北极点，是举世公认的极限探险最高境界。能够完成"7+2"的少数健儿，也代表着人类体能和意志相当高的水平。对于"7+2"我并不陌生，甚至感觉冥冥中有一种机缘，在暗示和指引我去了解"7+2"，直至亲身踏上征途。

早在2005年初我仓促受命，接任中化国际董秘的时候，就听说前任董秘是因为在工作中擅离职守，跑去攀登"非洲之巅"乞力马扎罗而丢掉了职位。等到2016年，我在工作上已经游刃有余，开始逐步把时间精力调整到个人生活轨道上来，又再次想起了海明威的名作《乞力马扎罗的雪》。在那篇探讨死亡与生命意义的小说中，海明威让主人公濒临死亡，最后在幻觉中被抬上飞机，飞向乞力马扎罗。宽广无垠的山脉图景展现在主人公眼前，而他即将离开人世，或许这既是一种遗憾，也不失为一种体面的告别。

要知道，由于非洲当地违法的伐木业和采石业屡禁不绝，加之不时爆发的森林山火，乞力马扎罗山的冰盖近年来正在加速融化。有环境专家认为，乞力马扎罗的雪顶可能在十余年内彻底融化消失，届时这里独有的"赤道雪山"奇景将与人类告别，这也是近年来攀登此山人数剧增的原因之一。

趁着雪顶冰盖还在，为什么不去看看"乞力马扎罗的雪"？

对于已经年过半百、体重超标、自小恐高、双膝有伤、有高原反应史（曾在四川黄龙海拔3900米高度因发生高原反应被人抬下山去）且没有任何登山经验的我，将攀登海拔

5895米的乞力马扎罗山顶峰选定为目标，是个非常大的挑战。事实上，我这股勇气也是被极地旅行组织者的宣导给"忽悠"起来的，他们总是说"慢慢走，七八十岁登顶的多得是"。

但我心里清楚，长期高负荷工作导致身体健康极度透支的我，早就该想法子将自身的体重减到正常水平。此次登山，就当作逼迫自己加速实现减重计划、启动"逆生长"程序——时下健康水平的时髦表述，即身体各项健康指标随着年龄的增加逐渐好于同龄标准——的方式吧。实在圆不了梦的话，我就顺便去肯尼亚马赛马拉看一次"动物大迁徙"，能饱览自然风光也不错。

2016年7月24日，我和几个"驴友"一起乘坐埃塞俄比亚航空公司的班机，从上海浦东机场飞往坦桑尼亚乞力马扎罗机场。

老实说，去的时候我自己都没什么信心，就抱着旅游的心态，只想体验一把登山运动的艰辛和乐趣就好。没想到结果出乎意料地顺利，我们这支登山小队选择了相对轻松的一条路线，用五天上山、两天下山，这是乞力马扎罗山登顶率最高、最适宜非专业登山者体能状况的"威士忌路线"。而且有专业登山向导公司的保驾护航：为我们这支七人登山小队服务的，总共有19名挑夫、一名大厨、一名助理厨师和三名向导。我们携带了足量的食物、药品、餐厨用具和帐篷睡袋等装备，经过几天的徒步攀登行进，走了大约60公里的山路，终于在当地时间 7 月 30 日早晨 7 点 58 分，成功登顶"非洲之巅"。我从背包中拿出早就准备好的国旗和上海华拓的司旗，在晨光中留下了第一次"7+2"极限挑战之旅的影像纪念。

你认为自己的命值多少钱

人过"知天命"之年，我深感身心健康和阅历丰富是人生宝贵的财富。此行圆梦赤道之巅，更加深了我对坚韧毅力、平和心态和超越自我的理解。

"坚韧毅力"：我们都是不具备超常优势的凡人，但人与人目标达成与否的差异，多来自看似简单、平凡的事项，能否做到坚持不懈、持之以恒地追求和行动。我在这初次攀登世界七大洲最高峰之一的旅程中，尤其是在高反症状严重、体力极限透支（七天内体重骤降五公斤）的情况下，还能坚持对目标追求的信念，这的确要靠平时日积月累的意志力训练。

"平和心态"：常言道，"谋事在人，成事在天"，我们聚齐"天时、地利、人和"这成功三要素的概率，并非都能有 100%。但我总结出这样一个规律：目标结果的达成，与前期规划统筹的全面、细致程度，以及准备工作的落实到位情况成正比。同时，面对困难和不利突发事件的不同心态，都会影响事情发展的走向。我们在生活中往往过于看重某一目标的实现，却不太重视思考此目标的实现所带来的"名、利"是否真的有益于自己的身心健康。特别是在摆脱虚荣、浮躁的心态，以及由衷增加幸福感方面，是否真的收到积极效果而非负担加重。面对困难和挫折，是抱怨、找借口，还是直面问题、合力解决？登顶固然是此行的目标，但拥有团队协作、历经曲折过程的体验和感悟，如此所实现的目标，才具有真正的完美成就感。

"超越自我"：前提是要有"与时俱进"的价值观感悟和明确的、适合自己身心健康状态的生活目标——对我来说，即知道自己终极奋斗的梦想是实现"自由生活"。在实现梦想的过程中，对自身条件的优化改善，信心要足，要坚信"唯一不变的是变化"这一哲理，勇于打破自我"画地为牢"的惯性思维，这样才能实现变不可能为可能的自我超越。

当然，我也清楚自己这次登山，仍然具有"玩票"的性质，得益于充足的后勤保障和一定的运气成分，而谁都不敢说运气始终站在自己这一边。我要继续完成"7+2"剩余的八项挑战，就必须端正心态，认真训练，寻求更专业的指导。

我上网查询了很多登山探险运动的资料，也买来王秋杨、王石这些出身企业界并热爱登山运动的知名人士写的书认真阅读学习，把自己的下一个挑战目标锁定在欧洲最高峰、位于俄罗斯西南部大高加索山脉的厄尔布鲁士雪山（最高的西峰海拔 5642 米）。

之后是选择专业的登山服务公司，这里学问就很大了。正如我当年在总结自己成为"金牌董秘"的从业经验时所说，做好董秘工作，最重要的秘诀是"管理期望值"五个字；而专业登山公司为客户提供的服务，也可以概括为"管理极限风险"。因为无论自身条件多么优秀的登山运动员，无论事先做到多么周全的准备，在实际登山过程中，都有不可预知的风险潜伏在攀登的路上。或许是一场突如其来的暴风雪甚至雪崩，或许是不期而至的高原反应，又或许是体力不支的队友耗光了你储备的氧气和食物，甚至可能因为同时登山的人太多而导致悬崖峭壁上的小路拥挤不堪……选择了极限登山，就等同于选择了一条与死神并肩前行的道路，所以登山公司的风险管理能力至关重要。

以探险运动市场化程度比较高的欧美国家为例，他们都有严格的客户筛选机制，会在前期训练中淘汰体能不达标的客户，并不是你只要出了钱就一定能去体验登山。在登山过程中，随着海拔的升高，风险级别也在成几何级数倍增。如果客户身体出现状况，登山公司也会进行专业的医学判定和救治，必要的情况下会"一票否决"让客户立即下山。这些措施，都是本着对生命负责任的严肃态度，由经验丰富的登山专业人士做出的。在我看来，登山公司收取的服务费，本质就是对客户生命负责的"风险管理费"——你觉得这笔钱花得值不值，取决于你认为自己这条命值多少钱。

那么，大家可能都听说过登山是昂贵的运动，到底是有多贵呢？这么说吧，每家登山服务公司的收费标准不同，根据不同的登山目标、线路和时间等状况，以及不同客户的自身条件和需求，每次登山的费用都是量身定制，会有所浮动。但大致来说，单次行程的开销从二三十万元到七八十万元人民币不等。这笔钱也不全是登山公司收取的，还包括了各种杂费。比如我 2019 年攀登珠峰的时候，尼泊尔国家旅游局对每个登山名额要收 1 万美元的许可费。

在认真筛选数家主营"7+2"极限探险的登山公司后，我确定了有"负责任攀登"共同理念的"巅峰探游"公司，作为帮助我继续进行专业训练和陪伴我完成"7+2"极限探险的向导服务公司。"巅峰探游"公司的总经理孙斌说的话打动了我："巅峰探游"的理念就是"负责任攀登"，意思是登山是一种体验，但这种体验的前提是对自己负责，也对他人负责。你不能全指望教练和队友帮你实现梦想，而是首先要学会形成对自己负责任的能力。所以他说，你要先参加我们的训练，我们对你也有个评估，如果认为你具备了"负责任"的能力，那咱们就可以做队友了。

用斗鸡眼克服恐高症

孙斌和包一飞两位高山向导为我量身定制了专业的训练

方案。在他们的指导下,我在北京中关村附近的一家攀岩馆里开始了高强度的训练。其实爬不同的山需要的技能是不一样的,因为地形和气候条件千差万别,训练也要循序渐进。

比如在攀岩馆里,练的主要是岩壁上的攀登技巧,怎么发力,怎么找抓手和落脚点,怎么依靠绳索上去,怎么使用冰镐、头灯之类的装备,等等。至于心肺、腕力这些体能上的问题,教练给我交代清楚以后,我就回去找健身房自己练。训练不到位,吃亏的是自己。所以决定了要去登山的人,都不敢糊弄日常的训练。

经常运动的人都知道,运动会让人上瘾,因为身体分泌的内啡肽会带来快感。而对我来说,体能训练的快乐更多来自心理层面。当我把自己关注的焦点,从外部世界转向自己的身体,从过去多年繁忙的工作琐事中抽身出来,专注在每天大量流汗运动,痛苦地磨炼自己的各项身体机能,一点一点地突破原本以为"做不到"的动作极限时,我真的感觉到"知己"的意识有了前所未见的视角:原来我和身边认识的所有人一样,都只是这地球上亿万生灵中的普通一员。我们付出辛劳,挣扎求生,仅此而已。在辽阔雄伟的大自然面前,众生平等。

刻苦训练的效果很快显现,我减掉了很多脂肪,身上的肌肉更加紧致结实。我还惊喜地克服了恐高症——专家曾告诉我,恐高症其实分生理性和心理性两种,有的人是生理性的恐高,而我更像是心理因素居多。而恐高有一个重要的原因是"暴露感"带来身体机能失常、不可控的状态,这是可以通过训练来改善甚至消除的。方法之一就是练习双眼只盯着一个点,老百姓俗话叫"斗鸡眼",也像是照相机的长焦镜头的原理。当你的视线聚焦在一个点上,在你的视野里,这个点周围的景物就会虚化,你的身体因"暴露感"产生的失控就会减轻。我按照教练告诉我的方法去练习,包括去专业场馆里练习射箭和射击,这都有助于我用视线聚焦的方法克服恐高症。方法二是强化身体核心部位的肌肉锻炼,增强对身体状态失常的控制能力。练得久了,果然有显著效果。当我攀爬到高处,眼睛里只有下一步要到达的那个点,心无旁骛,也就不再"高处不胜寒"。

很多和我经历相似的人,工作了一辈子,也取得了一些成就,到了退休的时候,就很不适应,整天没着没落的。我很能理解这种生活节奏的突然转变,给人的心理带来的冲击,我管这叫"换频道"。比如过去工作的时候,我多年如一日:每天早上六点半起床,简单洗漱,吃点儿早餐,七点半准时到达办公室。先看邮件和日程表,利用大多数人还没到公司的这段安静时间,把一天要做的事情梳理一下。今天有哪几个会议要参加,有哪些文件要重点看,要跟谁谈话,要布置和追踪哪些工作……一天的日程排列得满满当当,想清楚了就开始全力执行。当我办完这一天要办的事情,通常是夜里十点钟以后了。长年累月这样工作,每天的发条都是上满的,如果我不是在退休前就开始谋划登山,给自己找到了一种全新的生活和目标感，那让我突然闲下来"换频道"，肯定也是受不了。

所以，人是会改变的，人也应该积极地拥抱变化，未雨绸缪。我不敢说自己看开了世间俗事，但投身登山运动，确实让我体会到了一种久违的"从零开始"的心态。认真地学习并掌握一项全新的技能，是能够获得成就感和快乐的。再看看和我一起登山的队友，不乏成功的企业家和各界精英。到了高原野岭、悬崖峭壁之上，我们都失去了一切"身份"，有的只是互相帮助、奋力攀爬的信念，谁都不想成为整支队伍的拖累。

2016年底，我以优异的表现完成了"巅峰探游"组织的四川四姑娘山高原攀冰集训，然后以"欧洲之巅"厄尔布鲁士峰作为下一个攀登目标，正式开始了我的"7+2"极限探险体验征程。

风险决策不是零和游戏

登山，真的会死人。

每次攀登高海拔雪山之前，我们每一位登山者都要和登山向导公司签免责协议，我自己给家人写一份遗书，以备不测。这种感觉，就跟签"生死状"一样，刚开始心里还挺不是滋味的——上了雪山，天有不测风云，冻伤、雪崩、落石、高反、失温、滑坠等死亡威胁可能近在咫尺。无论你在这世上拥有多少财富、名誉、亲情、爱情，只要一脚踏空，一切就都不存在了。

随队向导也会在出发前给我们再讲一遍注意事项，强调登山的风险性，以及听从指挥的重要性。

期待、兴奋、忐忑交织在一起的我，不断安慰自己，别太紧张，那么多人都成功登顶了，我经历了艰苦的训练，不比别人差，一定能行的。

但后来我才明白，登山对人真正的考验，不是胆量，而是在极限状况下，面对风险的决策能力。

换句话说，就是选择做什么和不做什么。

毛嘉农探险日记（节选）

2017年5月13日，俄罗斯大高加索山脉，海拔4500米

我们开启了新一天高海拔攀登适应性训练。厄峰气象真是瞬息万变，早上还是朝霞满天，现在就是风雪交加。

我今天按照包子教练建议，将冲顶装备全副武装。我们一字纵队，在罗曼向导的引领下，在风雪中有节奏、呈Z字形向上攀登。途中，没膝深的积雪和亮冰路段交替分布，要求每一步、每一杖都要小心、扎实。

经过一个多小时的攀登，我们抵达海拔4720米的高度。由于风雪在不断加大，迎面接二连三地看到从山顶方向下撤的登山者。罗曼向导和他们进行短暂交流后，和包子教练决定结束当日训练下撤。他们问我脚痛感觉如何，是否下到4500米时还叫雪地摩托来接？我说磨的疼劲儿过了，感觉不那么厉害了，还是走下去吧，这样可更好地练习冰雪路段安全下撤的技能。

经过昨天和今天近五公里雪山大坡度下撤行走训练，我原来的大坡度冰雪山恐高、协调性差及行进速度慢的不足，有了较大的改善。行进中，俯视大高加索山脉连绵巍峨、白雪皑皑的美景，和不时从我们身边潇洒优美飘过的高山速降滑雪者，我真正享受了此行登山的美好感觉，梦想着有一天也能有这样的滑雪技能，来专程享受和厄峰的另一次亲密接触。

在即将抵达驻地时，我看到包子教练和罗曼向导表情凝重地在讨论什么。

午餐结束时，罗曼向导看着手中显示最新高山气温预报的iPad，非常认真地告诉我们：今天因风大，20多位冲顶者没有人登顶。有消息说，一对当地向导在尝试开辟新路线时滑坠身亡。而我们计划冲顶的明后两天，天气都不好，明天风大、雪小些，后天雪大、风小些。今天15:00前要有决策结果——送我们的雪猫司机15:00前要根据是否有冲顶订单，决定是否留在山上大本营。

罗曼向导等着我们每一位成员发表决策意见。

我问：就明后两天气象信息，专业角度的风险评估是怎样的？

包子教练说：风力40km/h，原则上不能冲顶了。明天预报是45km/h，雪大，加大登顶难度和雪崩风险。

罗曼向导不建议明早冲顶。

我说认同，后天早上是否冲顶，看明天15:00前气象预报再定。

大家一致同意此决策。

我在准备厄峰之行期间，专门拜读了迈克·尤西姆等美国企业家编著的CEO必读课教程《登顶》，书中核心是企业家登山体验和感悟：在重大决策过程中，领导者在领导企业登过阶段性顶峰后，如何科学理性地将决策重心从"做什么"转向"不做什么"。

此次攀登厄峰，作为身临其境的一员，我就面临了这样的抉择。其实到目前为止，此行希望体验的大多已实现：高海拔雪山攀登技能的学习和实战经验的积累、大高加索巍峨峻美风光的领略、俄罗斯美食人文的享受和体验以及环境保护理念的提升。能圆梦欧洲之巅，固然可为此行描上"画龙点睛"的圆满一笔，但我们亲近大自然，前提是尊重大自然的习性，顺其自然就好。

吃过晚餐，在和罗曼向导聊天中得知：罗曼曾是法国标致汽车莫斯科公司的经理，有非常高的收入，在莫斯科郊外有大别墅。但他喜爱登山，在未来生活有保障后去做自己喜欢的事：四五年前将主业改做登山向导。他平时和做滑雪向导的女朋友住在索契。"清晰明白自己想要什么样的生活，并去享受其过程"，这是他与我的共鸣之处。

夜色降临，整个营地因气象条件变差，只剩下我们小分队和一位厨娘。我走出餐厅，站在营地平台寂静空旷的雪地中间。阴沉的天空中，一只老鹰在孤独地盘旋。我仰望厄峰顶上奇异的蘑菇云，一种敬畏之情油然而生。

我每次登山都会写日记，尽可能详细记述每天行程中的见闻遭遇。比如就在我们这次挑战厄尔布鲁士，准备冲顶前两天，得知一对当地向导（这两人是夫妻）不幸滑坠身亡的消息，当时给我们这些新手的心理冲击还是非常大的。我们的领队包子和向导罗曼就现场征求我们每个队员的意见，这就是我所说的"极限状况下的风险决策"：根据天气预报已知，后面两天的天气都不好，一天风大，一天雪大，还要不要按原计划冲顶？如果要上，这两天时间你怎么选？

风险决策不是零和游戏，但也没有完美方案，必须有所取舍，从风险概率的计算中找出相对更优的选项。我当时是没经验，所以就征求包子的意见。包子就说，宁可选雪大的，也不选风大的——理由是刚刚有人滑坠丧命，那如果是风大，滑坠的风险更高。雪大的话，大不了就是小心点儿慢慢走，而且下雪的过程中，比雪停了化雪的时候路况还要更好一点儿。

我相信包子的判断。到我们实际冲顶那天，很幸运老天帮忙，走到半路上雪就基本停了。等我们这支小队都登上厄尔布鲁士峰的时候，竟然还出了一阵太阳——不过只有短暂的 15 分钟阳光明媚，让我们可以饱览雪山美景。等到下撤的时候，山上又下起了暴雪。

天有不测风云，从另一个角度理解，这可能就是登山的魅力吧。

生于自然，敬畏自然

毛嘉农探险日记（节选）

2017 年 5 月 15 日，冲击厄尔布鲁士峰顶，海拔 5642 米

凌晨 3:20，我们预订的雪猫车准时开到房间外，我冒着风雪在雪猫车灯前留下一张壮行照。

我们一行爬上雪猫车的敞篷车斗，顶着打在脸上生疼的雪粒，在雪猫巨大的发动机轰鸣声中，向漆黑的厄峰雪山方向冲去。大约在轰鸣声中行进了二十分钟，我们抵达了雪猫能开到的最高点——海拔 4700 米的山坡上。途中，在雪猫车灯的照射下，我看见有三拨登山小团队，已经沿着小红旗标示的登山路径向上攀登。

罗曼向导开始带领我们冒着风雪向上攀登，回头眺望，黑夜中刚才路上遇到的登山者的头灯忽隐忽现。

当我们走到海拔5000米一辆废弃的雪猫车边时，后面的登山团队已经赶了上来。包子教练说，以这样的速度很难在12:00前到达双子峰中间的平台（厄峰国家公园有规定，中午12:00以后就不允许冲顶了），就和罗曼向导商量，包子留下来陪行进速度较慢的队员，让我跟着罗曼向导的节奏行进。包子教练过来拥抱着我说：中国人登顶就看你的了！

我眼泪一下子涌了出来：我曾想好，这次如能登顶，一定要像在四姑娘山大峰顶一样，和包子教练拍张合影，他是我正规尝试"7+2"探险计划的启蒙者。

顶着西北方向刮来的雪粒行进，开始我的装备防护情况不错，可在走Z字形顶风阶段，鼻子呼吸在面巾里产生的水汽进入防风雪镜，瞬间左眼部分就形成霜雾（下山后检查发现雪镜左边下部安装时留有一个较大的缝隙）。途中摘下雪镜来清除霜雾非常不便，于是我就在顺风行进时，将面巾拉下或雪镜打开。好在是天刚亮，雪地反光不强。后来天亮了，必须用雪镜来抵御雪地反光，我就全程再也没有用面巾挡风雪和阳光暴晒了。

随着海拔不断提升，气象变化非常之快。刚才还是风雪交加，雪粒打在脸上生疼；一会儿就是阳光刺眼的暴晒。我们沿着插有小红旗路标的Z字形路线向上攀登，罗曼向导尽量避开新雪下的亮冰（攀登冰雪山最危险的路段），我则紧跟着他的脚印前行。

但到了5400米以上，我的呼吸节奏明显跟不上罗曼向导的行进节奏，加上距离拉大后，风雪很快将他的脚印吹得模糊不清，一旦走错很容易发生滑坠事故，我不敢停下来解包喝水，反胃、倒气等高反症状越来越严重，与罗曼向导的行进距离拉大到三十余米。在横切陡坡路段，大风不到一分钟就将前方留下的脚印吹埋得模糊不清，再加上深不见底的陡坡在视觉上带来的恐惧感，我的体能消耗极大。

终于攀登到海拔5589米一个山坡下面，遇见在我们之前三拨已经登顶下山的登山客，每个人都非常友好地和我们打招呼，鼓励我坚持，再有三十分钟就到顶了。看到他们非常潇洒地穿着雪板，以不同的优美姿态在厄峰秀美险峻的山谷间穿梭，真是一种美的享受。果然，在爬上山坡的一刹那，蓝色天空中，头上飘着一束白色雪纱的厄峰展现在眼前，我的眼泪一下子涌了出来。这时体能不足加高反的影响，让我深深体会到"行百里者半九十"的寓意。我每走三十步，就要站在原地，望着厄峰急促地喘上一两分钟。

我按照罗曼向导行进的路线，小心翼翼地走过视觉暴露感很大的五十米陡峭山脊背上的横切路段，再低头慢行过宽度不到五十厘米、长度约有十米的狭窄陡峭雪径，然后折返向上攀登十米，走上面积不到十余平方米的顶峰平台。上午10:00左右，历经六个半小时，我终于站在欧洲之巅——海拔5642米的厄尔布鲁士雪峰顶端。

厄峰顶上就我和罗曼向导两人，他举着手机，眼中泪光闪烁，不断转身，边自拍边说着什么。我将背包放在峰顶的雪地上，先掏出事先准备好的国旗，将手机递给罗曼，请他以厄峰顶标志性的小石堆为背景，拍下我手举国旗迎风展示的登顶纪念照。接着我又掏出拉夏贝尔和华拓医药这两家我曾任职企业的司旗，以同样的姿态留下了视频。峰顶风很大、很冷，我在背面贴有"暖宝宝"的手机被冻关机了。我把手机放在贴身处捂了一会儿，居然开机成功。赶忙请罗曼帮我在厄峰标志性小石堆旁合影留念，并跪在那里为家人和自己祈祷，感谢上苍给予的眷顾！

下山大部分时候，我是沿着罗曼向导开出的深雪路线，大踏步、下冲式行进。一不小心，我受伤的左膝盖韧带又一次扭伤，疼得我坐在雪里缓了好一会儿。罗曼向导看我这样，就帮我联系雪地摩托来接我下山，但说雪地摩托最高只能上到海拔 5000 米，我们现在所处的位置是 5300 米，间隔这段路程只能自行下山。

我咬着牙，每下冲三十到四十步，就喘着粗气歇一会儿，身后的背包愈发感到沉重。由于一直用嘴呼吸，又没有及时补充水分和能量（怕落后罗曼向导太多，看不到他踩出的脚印，我中途未停下来解背包拿水壶喝水），我口干舌燥，只能不断抓雪放到嘴里解渴。

终于下到有废弃雪猫车的 5000 米地带，罗曼向导又告诉我一个不好的消息：由于雪大，雪地摩托现在最高只能上到 4700 米。没办法，只能咬牙在风雪中继续下撤。

海拔 4700 米处，一辆雪地摩托等候在风雪中。早已体力透支的我，连脱冰爪、拿背包的力量都不足了。

雪地摩托直接将我们送到营地房间门口，包子教练他们早已迎候在那里。我见到包子教练，哽咽着说出：我登顶了！并将手机中登顶的照片展示给他。包子教练激动地和我拥抱在一起。

罗曼向导说：毛很强壮，知道在适当的情况下做正确的事，与毛一起登顶很荣幸。

当晚我们都喝多了，非常开心！

圆梦欧洲之巅厄尔布鲁士峰之后，回到北京，孙斌和包子帮我们复盘这次登山经历的得与失，有哪些进步和收获，暴露出哪些问题和风险点。我感觉自己有点儿开窍了：登山，不仅是一项运动，更是一门科学。

我们是 2017 年的 5 月完成了厄尔布鲁士峰之行，在包子的建议下我又参加了 7 月"巅峰探游"在云南哈巴雪山组织的攀登训练。这次训练主要就是针对滑坠风险进行的结组攀登练习。哈巴训练结束后，包子对我的成绩和体能进行了评估，认为我可以继续参加 10 月大洋洲之巅查亚峰的攀登挑战，接着为年底挑战"7+2"中连续探险时间最长的项目做准备——就是攀登南极洲之巅文森峰和徒步抵达南极点，两者都在南极洲，所以通常安排在一趟完成。但这两块区域相隔遥远，途中还要使用飞机，在万年冰盖上起降，很是刺激。

我也一鼓作气，在 2017 年 10 月 6 日上午 10：40 成功登顶海拔 4884 米的大洋洲之巅查亚峰，在 2017 年 12 月 15 日下午 17：30 成功登顶海拔 4892 米的南极洲之巅文森峰。然后全队人马在南极联合冰川大本营休整了几天，等待气象条件良好的时机。2017 年 12 月 22 日乘坐飞机，从南纬 76 度的南极联合冰川大本营飞往南极点附近的徒步出发点（南纬 89.3 度左右，距离南极点的徒步里程约 60 公里）。从 12 月 23 日开始徒步，每天行进十多公里，在 12 月 26 日下午 14：10 成功抵达南极点。

这里还有个有趣的小知识：南极点并不是一成不变的——由于覆盖在南极点上的冰层，每年以 10—30 米不等的速度在缓慢漂移，所以科学家每年在新年时都会重新测定南极点的准确位置，在冰层上树立标杆。我们这次抵达南极点的时候，正赶上2017年的最后几天，大家在2017年的南极地理坐标处留影。再过几天等到2018年的元旦，这个标志就要挪动位置了——虽然可能只是往旁边挪个十几米远，但也带有一丝哲学意味：世事无常，我们只是到达了2017年的南极点，而无常即是永恒。

2017年12月28日，在南极联合冰川大本营等待离开南极洲飞往智利的班机时，我在大本营的南极游客留言簿第485—486页写道：

> 年过半百的我终于踏进地球上最圣洁的土地——南极洲大陆，并且在上苍的眷顾下，圆满完成"7+2"极限运动中登顶文森峰和徒步南极点的梦想。
>
> 有位山友将非职业登山者的登山动机归纳为三种缘由：生活中受过刺激；生活中寻求刺激；价值观与常人不同。对号入座，我算是前者吧。前五十余年，以牺牲家庭的天伦之乐，努力去迎合事业发展中的"知彼"需求，以换取"生存的物质需求"、"自尊的精神满足"以及"自我价值的体现"。但所谓的目标均得以实现时，猛然发现最珍贵的亲情根基动摇了。我以前自认为所有的超额付出，与在最亲密人眼里的价值点"大相径庭"，这不得不引起我对"自我认知"的重新反思。

第九章　一步之遥，我差点儿成为"尸体路标"

偶然一次去非洲尝试5895米乞力马扎罗山峰的攀登，直接挑战了我固有的"膝盖有旧伤、有高原反应病史、恐高症"等不适合高山运动的认知逻辑。有着别人眼中羡慕的丰富工作阅历和成就标志的我，对自我潜能、核心价值观、什么是通透的人生状态，以及余生目标的追求等问题的认知有多少？是否领悟清晰？

登山是另一种探索自我认知的方式，也是有雷同人生经历的人群彼此交流的平台，更是让我在不断设定攀登目标的过程中，还原和保持我作为男人和父亲应有的体格形象和榜样的动力。

人生于自然，敬畏于自然，回归于自然。在沧海一粟的短暂生命中，多一些真实，多一些体验，多一些感恩，以平和的心态去书写自己的人生！

来自中国北京的毛嘉农

2017年12月28日 14:30

于南极联合冰川大本营

我们这帮人，花钱买罪受

2018年的第一缕阳光将我从美梦中唤醒时，我一时有点儿恍惚：自己身在何处？

这是蓬塔阿雷纳斯，智利南极区和麦哲伦省的首府，世界最南端的城市之一。我们这支小团队，在经历了长达30天的南极大陆之旅，成功登顶南极洲之巅文森峰和徒步抵达南极点之后，抵达智利短暂休息。在这里，"巅峰探游"公司建议，为了缩短再次从中国往返南美洲的超长旅程和减少相关高昂费用，我们应该继续转战阿根廷，完成"7+2"的第六站——攀登南美洲之巅、海拔6962米的阿空加瓜峰。

在"7+2"挑战者心目中，连续完成"文森峰—南极点—阿空加瓜峰"又被称为"BIG 3"（大三元），表示探险者具备极强的体能储备、意志力和对信念的执着。或许是连战告捷，极大鼓舞了我们团队成员的士气，每个人尽管身体疲惫，但精神上都斗志昂扬。连经验丰富的包子教练都鼓励我们说，比起文森峰，凭你们这帮人的实力，攀登阿空加瓜峰"就像散步一样"。

于是，我们接受了"巅峰探游"的建议，马不停蹄地踏上了新的探险征程。

但我们毕竟不是"钢铁战士"，经过一个多月高强度的运动，每个人的体能都逼近了极限状态。在攀登阿空加瓜峰的过程中，我们这几个人状况频出：先是2018年1月4日，开始正式攀登的第二天，来自澳门的队友老冯出现多次呕吐症状，营地医生诊断他是肺水肿，立即动用直升机送他下山治疗，我们队伍减员一名。后面几天，其余队员都出现了不同程度的高原反应，好几个人整夜失眠、头痛，大家都咬牙坚持着。到了1月12日开始冲顶，又有三名队友因体力不支遗憾退出。我自己也第一次出现在冲顶过程中就体力透支的状况，最后的80米海拔，完全是靠毅力硬拼上去的。

1月12日上午11:28，我终于站在了海拔6962米的阿空加瓜顶峰之上。此时阳光明媚，风和日丽，我心里默念感恩辞：

感恩祖国：祖国的强大使我的"7+2"探险目标梦想成真，更加便利，更有自尊，更有自豪感！

感恩阿空加瓜：您巍峨的脊梁，让我从人生的新高度俯瞰世界！

感恩自己：更清晰的人生目标、更强壮的体魄、更坚毅的品格，让我不断实现自我突破！

但这次挑战的危险时刻还没过去——俗话说"上山容易下山难"，在我们登顶之后下撤的路途中，队友老高神志不清，出现幻觉；队友豆豆没有充分训练雪山下行的技术，下行速度极慢；全队此时唯一剩下的向导米黑又速度很快，导致队伍首尾拉开很远距离。这时已是雪花纷飞，前方向导踏出的脚印，不一会儿就被飞雪吹得模糊不清，导致后面行进的队友难以分辨。最后我们迫不得已，要求向导米黑用对讲机叫来三位附近路过的其他登山团队的向导和挑夫，架着体力不支的队友豆豆和孙女士一同下山。在漫山风雪中鏖战了近六个小时,我们才回到营地,可以说险象环生,精疲力尽。

毛嘉农探险日记(节选)

2018年1月15日,阿根廷门多萨,IHG Rewards Club 五星级酒店

明天是南美之行的最后一天,包子通知明早七点钟办理 check out 手续,晚上我早些收拾好行李,洗了个澡。看到浴镜中显瘦的身体、晒成的反熊猫脸(被太阳镜保护的眼睛部分是浅色,其他部分被晒得黝黑)、严重晒伤的嘴唇、浓密的花白胡须——这就是完成极限登山业界所称的"BIG 3"(大三元)的代价吧!

通常极限探险快结束时,队友们都在调侃,这么虐的运动(花大价钱受罪),发誓再也不这样登山了。有的队友都开始分送装备,但不久又张罗计划起下一个目标行程了。

嗨,就这么"贱"!这就是我们这批人的价值观,是已经升华世俗、超脱自我的"有病"表现。

马上就要回到熟悉而舒适的生活环境了,历经多次的极限探险经历"洗礼",我心态越发平静,对自我潜能的认识更加明晰。名利淡漠、得失坦然、精神向往、物欲节制的"自由人生活方式",将不断提醒我"放下功利",去调整好自己,给值得关注的人多一些"正能量"。

虽然我经常开玩笑说，我们这帮坚持做"7+2"的人，都是"脑子有病"，放着好好的日子不去享受，跑到极寒险峻之地"花钱买罪受"。但话又说回来，在极限挑战的征途中，我遇到的这些朋友，也几乎都是事业有所成就、性情坦诚、对自己的精神境界提升有更高追求的人。这些人能在不同行业领域取得世俗意义上的成功，肯定都不是傻子，阅历和经验应该在大多数普通人之上。要知道，没有人能随随便便成功，也没有人的生活总是一帆风顺。大家或多或少都经历过一些挫折，有自己的烦恼和牵挂。走到纯净宽广的大自然中，是对自己心灵的一种净化。而我们冒着生命危险共同进退，相互扶持，在攀登山峰的曲折道路上，彼此也结为生死之交。

这是我对极限探险的另一重切身体会。在雪山上艰难前进时，我脑子里经常一片空明，除了思考脚下的路，下一步往哪走，还会不由自主地思考一些宏大、抽象的人生命题：我是谁？我是怎样一步一步走到这里的？我想要的是什么？谁是对我真正重要的人？我的生命假如就此终止，还有什么未了的遗憾？……在平时，在城市里，在世俗的生活中，我们经常没有时间也没有心境来静静地思考这些问题。而在冰天雪地中跋涉时，这些问题就会在脑海中浮现。或许仍然没有清晰的答案，但思考的过程本身，就是有价值的体验。

从 2017 年 12 月 1 日到 2018 年 1 月 18 日，我用近 50 天

的时间，圆满完成了在南极洲和南美洲的"BIG 3"（大三元）挑战，并把"7+2"的下一个目标，锁定为徒步到达北极点。

北极的地理状况比南极更为复杂多变，因为北冰洋上漂浮着大量冰块，它们相互碰撞、碾压，使得用于辨别北极点的冰层，可能在一星期左右的时间就漂移出去很远的距离。只有用GPS定位系统，才能测定冰盖上准确的北极点位置。

要去北极徒步探险，需要从挪威的朗伊尔城乘坐乌克兰专业北极探险飞机AN-74，飞行约两个半小时，抵达由俄罗斯探险家巴雅尔斯基博士设立的北极点探险大本营，这也是世界上唯一一个设在北纬88°的探险营地。这个营地位于北冰洋的浮冰之上，鉴于气温的原因，仅在每年的4月开放。

2018年4月11日，我从北京首都国际机场出发，开启了北极之旅。

在与世隔绝之地袒露内心

毛嘉农探险日记（节选）
2018年4月17日，北极冰盖上

历经6.5小时，我们完成了13.7公里的当日徒步任务，在一片蓝冰隆起的小河边安营。

大家协同搭帐篷、点烤炉、准备晚餐食品等。晚餐应竞文要求，孙斌先做香煎三文鱼。孙斌自己说他是慢热型，前两天身体状况不很好，雪橇太重，左手腕都被雪杖腕带勒破了，今天开始状态恢复。他边做饭，边开心地拿出一瓶上好的威士忌与大家分享。

酒过三巡，大家都嗨起来了：一锅香煎三文鱼、一双筷子、三个小酒杯，轮流品尝，面对北冰洋发誓，依次诚实回答大家提出的各种刁钻甚至涉及隐私的问题。大家在国内都是有财富、有地位、有足够生活阅历的"人物"，在北极荒无人烟的冰天雪地中，孤独狭小的帐篷里，一切"光环""面具"都荡然无存。倾听真实的情感流露，在场的每一位都为之动容。

两瓶半威士忌很快喝光了，孙斌和我最先倒下睡着。

早上醒来已是八点多，头和腰部很痛，昨晚后来的事全然记不得了。

这是 2018 年度第一次，也是人生第一次在极地痛喝醉酒。三十年的婚姻结束了，人生中付出的最大代价，换来自我认知的警醒……

在北极徒步的一天晚上，我喝了个酩酊大醉。

那天晚上，我们全体队友和领队孙斌，都喝了不少酒。在无垠的冰原上，大家都敞开心扉，玩起了类似"真心话大冒险"的游戏——但只有真心话，没有大冒险，我们这些人徒步北极本身就是在探险。大家都卸下了平日里的防备甚至伪装，以一颗坦诚之心彼此交流。我讲了自己离婚的痛苦和困惑，有的人坦白了婚外情，有的人讲家庭纠纷、财产分割，还有的人讲不同的价值观和道德观念问题……

我觉得这就是真实的人性。俗话说"酒壮怂人胆"，为什么这些话你平时不敢说？因为在理智的约束下，你怕说出来得罪人，或者影响别人对你的看法。但我们当时身处与世隔绝的冰天雪地，彼此之间也没有什么利益和人情关系，就是单纯的朋友，都是很好的倾吐对象。这时候就"谁也别装了"，"活得像个人吧"。长久压抑在心底的情绪释放出来，大哭一场也好，大醉一场也罢，都是难得的心理调适。

人生就是体验，很多事不必追求完美的结果。有这样一个痛快共饮、畅聊平生的夜晚，我就觉得，这一趟来值了。

真正的"鬼门关"之旅

结束北极点徒步之旅后，我大概用了近一年时间休整和进行恢复训练。因为即将迎来"7+2"最难的挑战，也是全世界每个登山者和探险家心目中的皇冠——攀登世界之巅、海拔8848米的珠穆朗玛峰。

在这一年里，我做了周全的准备，对自己每次训练的成绩也较为满意,加上此前已经相对顺利地完成了七次极限挑战,我对自己的能力有充分的信心,对攀登世界之巅充满期待。

可命运永远是未知的。2019年4月8日,我从北京乘机飞往成都,第二天再从成都飞往尼泊尔加德满都,拉开了攀登珠峰之行的帷幕。人们都说,生死之外无大事,而我想不到的是,自己即将迎来人生中的第六次跌宕,这次却真的事关生死——我在珠峰上陷入生命垂危的状态,在"鬼门关"前走了一遭。

毛嘉农探险日记(节选)

2019年4月14日,尼泊尔东部卢卡拉镇,海拔3371米

老岳传来最新消息:截至4月12日,已经有339名外国人和12名尼泊尔人取得了此季珠峰攀登许可证,外国人的许可证费是11000美元,尼泊尔人的是75000尼币(大约4400元人民币)。12个尼泊尔人里面有两个夏尔巴遗孀,一个艾滋病感染者,还有一个打算7个月攀完14座8000米高峰的前廓尔喀雇佣军人。

9:30,我们出发不久,随队夏尔巴就传来一个不幸的消息:一架飞机在卢卡拉失事,有人员伤亡。大家的心一下子就揪了起来,原本有说有笑的队伍沉默了。

今天的路线先是一路下行海拔564米,中途午餐休息后又攀升596米,抵达海拔3754米的Tenboche,总行程 9.9 公里，用时约两个半小时。

快到营地时，传来卢卡拉方面的最新消息：一架固定翼小飞机起飞时冲向跑道右侧的直升机停机坪，导致两人死亡、五人受伤，两架直升机被毁。此时天空开始下雨，仿佛上苍也在为遇难者哭泣。

之后的徒步中，我此行第一次感到越来越疲倦，还好下载到手机里的《百家讲坛》节目正好在讲古代圣贤关于人生哲理的论述，坚定了我"追求自由、提升质量、减少遗憾"的信念。

2019 年 4 月 20 日，昆布冰川珠峰大本营，海拔 5364 米

早晨 6:15，一声巨大的雪崩共鸣震响将我惊醒，并持续了一二分钟。但愿雪崩对我们的攀登线路别造成较大影响。昨天拜见世界著名的登山家罗塞尔老先生时，他告诉我们，罗布切（Lobuche）出问题的路绳全部更换了新路绳，今年昆布冰川只有 17 个梯子，相对容易些。但今年气温相对偏高，还是有诸多不确定性。

9 点，我们各自准备到昆布冰川训练的专用装备：头盔、太阳镜、高山靴、冰爪、安全带、牛尾、上升器、下降器、主副锁等。在送别 EBC 徒步队员乘直升机飞离大本营后，我们跟随夏尔巴来到距营地 600 多米的昆布冰川训练地点（也是我们将来去往 C1 营地的入口），开始进行冰雪地行走、陡坡攀登和下降训练。

凭我之前的攀冰训练结果，我对应对此类环境是很有信心的，但问题出现在海拔近5400米的冰川地区，攀登节奏太快导致心率太高，呼吸极为急促。我由于大量吸入寒冷干燥的空气，造成上呼吸道损伤，开始不断咳嗽。这就是著名的"昆布咳"，是我此次攀登珠峰最大的挑战。

回到营地，我已经开始咳嗽，中餐后喝了宝龙给的念慈菴糖浆，又喝了包龙角散冲剂，躺在帐篷里睡了一觉。

2019年4月21日，昆布冰川珠峰大本营，海拔5364米

昨天各种止咳措施实施到位，安稳地睡了一夜。6点起床如厕，早霞已将雪峰染成金黄色。回到帐篷整理收拾了攀登罗布切峰的行装，躺回睡袋又眯瞪了一个回笼觉。

8:30按时早餐，海川还为大家准备了家乡风味的汤拌面。

今天是当地藏传佛教做"煨桑"法事的日子，这是每年攀登珠峰祈祷平安的非常重要的活动。营地餐厅前的小佛塔广场上，铺了塑料地垫和海绵坐垫，佛塔被各种祭祀物品和所有登山队员需要喇嘛念经开光佑护的装备装点和环绕。

临近10点，煨桑法事开始时，喇嘛对面的雪峰顶

出现一束白云，像火山喷云般呈现祥瑞景色。两位喇嘛分别手持铜镲和响鼓同念一本佛经，其间不时向空中抛撒谷米和糌粑粉。全体登山队员双手合十随同祈祷：佛祖保佑我们珠峰攀登的平安！顺利！成功！

法事活动持续了近两个小时，最后由喇嘛分别为每一位登山队员脖子上系上平安符，大家脸颊上被涂抹了象征吉祥的糌粑粉，彼此相拥合影留念。

午餐后是中午1点，我们和全体夏尔巴团队见面并集体合影后，整装向罗布切出发。历经3小时22分钟（来时用时近6小时），我们完成9.18公里徒步训练。途中虽然在避让驮工时，我的右脚踝又一次崴伤，但还是调整好徒步方式，完成了当日计划。

2019年4月23日，罗布切峰东顶，海拔6119米

凌晨1:30，海川的手机闹铃惊醒了我们。我迅速穿戴完毕，第一个钻出帐篷去简易厕所轻松。高原的明月将营地照得明亮，头灯此时是多余的。营地的温度不冷，没风，是冲顶的好天气。

回到帐篷，夏尔巴分别将一碗糖红茶和一碗热燕麦粥送来作为早餐。冲顶装备穿戴完毕，夏尔巴伊曼向导又为我重新调整了牛尾长度。凌晨2:33，伊曼向导、我和海川作为第三批一字纵队离开营地，向罗布切主峰行进。

罗布切冲顶路线的平均坡度超过 30 度，由于这几天持续下雪，我们一出营地就挂上了冰爪。前几批冲顶团队都遭遇了老路绳断裂事故，现在都已加换新的白色路绳。

前两小时行进速度较快，我们还超过了尹帅组。但随着上攀坡度的不断增大，高山靴磨脚后跟的问题开始出现。尽管我在出发前已经增贴加厚水泡贴，但坡度很大的情况下，很难用侧身姿势的调整来减轻脚后跟的摩擦压力。到了一段几乎垂直的冰壁，脚痛、路绳不紧绷致使推拉上升器耗力过大等问题，导致我平日练就的有节奏、效率高的攀冰动作严重变形。幸亏伊曼向导在顶部不断拉拽，使我平安攀过这个危险的路段，但此段经历对我后续的攀登节奏和体能分配产生了很不利的影响。

此时天已放亮，仰看头顶，漫长线路上缓慢蠕动的王辉和 Rocker 小组，脚痛和头脑中不断产生的力竭信号，使我攀登的行动已经没有了节奏。急促的呼吸，逼得我拉掉防止高冷干燥空气对上呼吸道刺激的面巾，这是我登山经历里很少出现的体能极限症状。

在抵达一个暴露感很强的陡峭路绳更换节点时，我几乎耗尽了所有的力气。仰看还有近海拔一百米陡峭的顶峰线路，我向下边的海川提出让他超我冲顶（实际上我已经有放弃的想法了）。挂在路绳上休息了近十分钟，我向下看到，宝龙带着老岳，夏尔巴带着麦姐，已经坚持不懈地向上逼近了我，"坚持""节奏"这两个词再次回到我的脑海。再看一下手表，我才用三个半小时就到了这里。我向上边的伊曼向导做了个向前的手势，每向上冲十到二十步就休息一下。就这样，我终于一步步登上了罗布切峰的东顶平台（罗布切峰分为东西两座，西顶海拔 6145 米，东顶海拔 6119 米。但西顶无平台，两顶间有巨大深沟，登山界通常将有平台的东顶视为登顶主峰）。

在历经 4 小时 20 分钟艰辛登顶后，我对着 Rocker 的镜头由衷坦言：这是我攀登过的最难的一座山峰。同时我也深刻体会到，为什么将它作为珠峰攀登的训练环节了，因为 8848 米的珠峰肯定更加艰险。

对我来讲，这种技术性攀登，一定是下山的恐高挑战更大。但在伊曼和海川的前后保护下，用时 2 小时 20 分钟，我们就平安下撤到早上出发的前进营地。脱下高山靴，我和衣在日光暴晒的帐篷里眯了 30 分钟后，不敢脱下袜子清理肯定磨破皮的脚，直接换上徒步鞋，又连续徒步 2 小时 20 分钟，抵达罗布切镇上客栈。在海川帮助下，我收拾包扎了水泡累累的双脚，钻进睡袋昏昏睡了近三个半小时。

这一天体能的极限挑战成功，是此次珠峰训练最大的收获。

2019年4月27日，珠峰C1营地，海拔5963米

想要攀登珠峰，必须通过危险系数最大的昆布冰川，又称"恐怖冰川"。这里对攀登技术的要求最全面，需要攀冰、过梯、攀梯，轮番使用上升器、下降器，结组保护等，登山者还要具备最坚强的意志力和勇气（超长距离数小时长时间高危险路段），拥有最强的体能（6000米以上缺氧运动的超强适应能力）。

我们凌晨2:25出发，我前面是伊曼古龙，后面是海川，在点点头灯照射下，一步一步踩着前人的脚印进发。这段极危险的路段是不允许带耳机行进的，以防突发情况喊叫不能及时反应。仅头灯照射区域，不时映射出路绳在冰崖尽头转向深不见底的崖壁。每当伊曼将我原挂在路绳上的主锁摘下挂在他的主锁上时，我就知道，危险路段就在眼前。我只能集中所有的注意力，紧盯伊曼高山靴所踏的每一步位置，每一步的移动要和伊曼的移动紧密契合，因为我们两个主锁的绳距只有不到一米。

今年冰梯数量和长度总体比以往少和短，经过针对性训练，大家都非常顺利地通过了。我们在行进到6个小时左右时，体能都到了极限。伊曼手指远方白雪层叠的冰川上点点的黄色帐篷，说那就是C1营地。我们目测坡度不大，估计应该也就一小时路程。没想到中途连跨数条很深的雪沟，多数有横梯和垂直竖梯，历经心理

和体能双重打击到极限的我,意志崩毁的感觉一下子涌现出来。

当时我急促地喘气,嗓子冒烟,后脚跟作痛,心脏急剧跳动,非常难受。我不得不用含糊不清的声音叫喊"Wait, wait, stop for minutes"(等等,等几分钟),向前边的伊曼发指令。

在小歇一会儿后,我看到后面的队友已经追赶上来,就用手向伊曼示意继续前行。

这是我至今记忆犹新的 7 小时 36 分钟,步行 15.69 公里,从海拔 5364 米的珠峰大本营,途经著名的"恐怖冰川"一路向上,抵达海拔 5963 米的 C1 营地。

我又创造了人生中意志和体能的新高度。

2019 年 5 月 2 日至 5 月 10 日,加德满都—北京

5 月 2 日结束珠峰高原适应性训练,从加德满都乘机经成都转机返回北京。

休整几天后,5 月 10 日我又原路飞回加德满都,准备正式冲顶珠峰。

2019 年 5 月 17 日,珠峰大本营,海拔 5364 米

早上洗漱完看微信朋友圈,获悉昨天除一名印度人在洛子壁(Lhotse)滑坠外,另有四人滑坠,在海拔 8300 米还有一个爱尔兰人失踪。我的心情变得沉重。据昨夜

拍片的 Rocker 说，至少十几个队伍昨夜出发去 C2 营地，他拍的延时照片非常壮观。在接下来的几天内，将有六七百人出发登顶，届时冲顶线路上排队情况将是常态。

关键还是祈祷上苍保佑好天气！

加油！加油！加油！

祈祷上苍保佑我们！

2019 年 5 月 21 日，珠峰 C4 营地，海拔 7980 米

C4 营地在洛子壁上方海拔 8000 米左右的一片碎石平台上，是所有南坡营地中最"脏乱差"的地方。

攀登珠峰，一般是从 C3 营地（海拔 7162 米）以上开始配氧气，这以上是出现死亡事故最多的区域。路绳沿途陆续看到很多以往遗留和今年新的"尸体路标"（珠峰攀登遇难者遗体）。

漫长而陡峭的攀升，体能消耗极大，氧气的供应更是帮助体能加剧"有效消耗"的方式。C4 营地的晚餐又是辣味汤、速食干米饭配冰凉的榨菜，在海拔七八千米冰冷的环境中是很难下咽的。那时除了尽量吃点儿食物，就是抓紧时间休息，准备凌晨出发冲顶，避免"堵车"（事后得知，珠峰南侧参加 22 日冲顶的有 265 人，加上北侧还有几百人，当日已创下珠峰登顶人数的新纪录）。我选择尽早睡觉，就戴了眼罩，躺在睡袋里先睡了。空腹睡眠质量一定是不好的，出发前半碗又有辣味

的方便面，则是我几日来最后的体能补充来源了。

2019年5月22日，珠穆朗玛峰登顶，海拔8848.86米

在昨天我们计划晚上出发冲顶时，攀登路线上已是头灯成串，通亮到顶了。氧气流量控制在3，本想增加登速，但也加速了本已透支严重的机体能量消耗。

攀登过程中，当海川提示我看右侧时，一缕金色的光线正穿过陡壁上的我们，在左侧形成一个巨大的倒黑金字塔，我本想停步去掏厚羽绒服固定保温位置存放的手机，背后的海川因知道我此刻已到机械行进的惯性模式，一旦停下来，再次启动有多困难，便阻止了我。

翻过南平台，天空已经放亮，群山前面陡峭的"希拉里台阶"路段，好似假期里中国八达岭长城人流堵塞的景象。昨夜提前冲顶的团队开始下山，上下错行非常危险和缓慢。我们的行进速度被动放缓，我稍稍喘了几口气放松，透过希拉里台阶右侧的雪墙遥看珠峰北侧的美景。

过了希拉里台阶，我体能逼近极限。前方珠峰美丽诱人的雪顶上，已清晰可见登顶留影的人群。"坚持！节奏！佛祖保佑平安登顶！上苍赐予力量！回馈亲友支持……"我一步一读诵，心里默念祈祷。最终在当地时间10:18踏上了经旗环绕、万众景仰的8848.86米地球圣境巅峰点。

多数人在具体目标实现后,都会有一种释放、泄气的过程,我也一样。但"上易下难"的警示,绝不是危言耸听。我生命中最大的危险来了……

从顶峰下山的路上开始"堵车",后来据新闻报道,当日珠峰登顶人群数创了新高,仅在希拉里台阶段就堵了近两个小时。肢体冻伤和氧气缺乏的危险因素急剧增加,下山暴露感引起的恐惧、因雪镜哈气起雾及长时间低头看路导致的颈椎下垂,我的体能加速消耗,再加上连续多日的"摄入断粮",饥寒交迫感一拥而上。我感到举步维艰,氧气流量开到3.5,但越走越慢。

海川的氧气储量已报警,只能让伊曼向导先下行到南平台事先埋储氧气的地点取换一瓶。风雪越来越大,氧气越吸越深,嗓子越来越干燥。海川的保温瓶里已没有水了,向路人索要无果。我们下山的路绳结段,遇到同样体能衰竭的登山者,被同伴安置在雪窝里喃喃自语,生命垂危。当走到一个山坳处,我实在撑不住了,最后和海川说了一句:叫宝龙和孙斌启动紧急救援程序!随即就晕了过去。

我清晰感觉到自己飘浮在空中,注视着躺在冰雪地上的我,被几个头灯闪烁的人影将身体捆绑、拖拽……

不知过了多久,我被拍头呼唤和与雪坡的不断摩擦撞击唤醒,直至看到宝龙和夏尔巴队长尼玛,他们扶着我进入帐篷和睡袋昏睡……

2019 年 5 月 23 日，珠峰 C4 营地，海拔 7980 米

早上醒来浑身酸痛。海川告知，昨晚凯途出动多名夏尔巴队员，将我和老岳从 8600 米高度营救回 C4 营地。由于营救及时，没有出现长期缺氧的后遗症。上苍保佑！

今天要尽快脱离危险区，增加了两名夏尔巴，帮助我和老岳从 C4 向 C2 下撤。为了保证海川氧气充足，海川先和一名夏尔巴下撤，伊曼和另一名夏尔巴陪我下撤。我的双脚已有严重的冻伤和磨破，颈部肌肉已无力支撑头部的正常转动，半瓶可乐是我唯一的能量来源和动力源泉。咬牙坚持！口诵佛祖保佑！对生命和亲友的眷恋！对未来美好生活的向往！每走一步，离希望就近一步！

最终我们安全滑下了珠峰母亲的洛子壁胸膛，抵达可以继续获得救援下撤的 C2 营地。我获救了！

渺小的我，坚强的我

我相信灵魂的存在。

据说人在濒死的时候会"灵魂出窍"，仿佛灵魂已经离开了躯壳，能够看到周围的环境和人物，还能像旁观者一样看到自己的身体。

我在珠峰登顶后下撤的途中，就经历了这样的濒死体验。多亏上苍保佑以及队友和夏尔巴人的救助，让我不至于变成珠峰上的又一具"尸体路标"，让我捡回了一条命。

攀登珠峰，是世界上死亡率最高的运动之一。多年以来，珠峰攀登者的死亡率为8%—9%。也就是说，平均每十一二个人攀登珠峰，就会有一个人永远无法下山。

后来看到更多的新闻报道，才知道在我攀登珠峰的这个时间（2019年春攀登季），珠峰攀登者的死亡人数为11人，其中南坡9人，北坡2人，在珠峰攀登史上死亡人数排名第四。

在我攀登的南坡路线上，死亡的9人中，除了1人是意外坠落，其余8人都是由于体能衰竭或者高山病症状严重不治。并且，大部分死亡案例都是集中在5月21日到25日这一登顶高峰期。刚巧我赶上的就是这几天，所以在狭窄陡峭的珠峰攀爬路线上，遭遇了前所未见的人群"大塞车"。

为了此次珠峰攀登，我在五位曾成功登顶朋友的指点下，从体能储备、装备技能、人文知识、心态调整、风险预案、物资完善、夏尔巴挑选、应急备份等各个方面，做了充分的准备，自己的身体状态也调整到较佳的水平，信心满满。

但还是"百密一疏"，在冲顶阶段体能补充环节，出现了严重甚至是致命的风险。这直接导致我在登顶后下撤的路上体力透支，失去了知觉。如果不是获得了队伍及时的救援治疗，后果不堪设想。

以往登山多是心存敬畏，但这次是切身体验，感悟生死一瞬间的恐怖和无常，也是我有生以来第一次离死亡这么近。从"知己"的角度，我探及了自己的极限能力，对今后的自我能力把控有了准确的认知：

我比自己想象的要坚强！

我比自己想象的要渺小！

从珠峰下来，我瘦了十三公斤

2019年5月24日，我在登顶珠峰遇险获救后，在C2营地乘坐直升机返回珠峰大本营。临上飞机前，看到满脸疲惫的伊曼向导，我掏出随身包里的3000美元和雪镜、充电宝等物品送给他以表谢意。他和其他几位队友为了营救我尽了力，我将终生铭记。

尼玛医生和孙斌已经在大本营的停机坪等我，我们会合后一起转机飞往卢卡拉机场。当天下午2点多，我们全体队员分乘两部直升机，安全飞抵加德满都。

5月25日，我在加德满都机场办理行李托运手续时，跳上行李秤，称了一下体重，吓了一跳：这次珠峰之行结束，我的体重比从国内出发前整整减少了13公斤。

终于登上了回国的航班，我从舷窗向外眺望巍峨的珠穆朗玛峰，内心只有平静、温暖和踏实。

想起此行之初，我们刚到加德满都的第二天，向导带领我们游览了几个景点，其中就有当地的帕斯帕提纳神庙。在那里，我远远看到高耸的火葬台上火焰正在跳动，周围环绕着送别死者的亲友队伍。烟雾缭绕，空气中弥漫着尸体焚烧的特殊气味，同行的队友们纷纷感慨人生无常，我们都不知自己将来魂归何处。

从某种意义上说，我觉得有宗教信仰的人，可能对生死之事比较容易看开，或者说有一套自洽的逻辑能够解释，进而获得心理上的安慰。也许人死了只是灵魂去往另一个世界，所以他们并没有哭天抢地，而是平静地祈祷和祝福，送别自己的亲人。

我还想起以前看过的另一个说法，说人有三次死亡：一次是生理意义上的死亡，一次是记得你的人的死亡，最后一次是你留在这个世界上的所有痕迹的消失。这三次死亡，可能一次比一次时间更久远，直至一切烟消云散。

这个道理并没有错，但我始终觉得，人活一辈子，还是应该尽自己所能，多给这个世界留下一点儿什么。这世上确实有些人很伟大，有些人很渺小，也有些人就像尘埃一样，来去匆匆，无人知晓，什么都没有留下。而我来过这个世界，我仍然拥有很多时间，可以去体验、感受生活的酸甜苦辣。有爱我的人和我爱的人，我还可以为他们创造更多值得回忆的时刻，我还有无限的可能。

因为，我还活着！

尾 声

2019年，仿佛是我人生的"分水岭"。

这一年，我经历了生死考验，在世界之巅珠穆朗玛峰上留下了自己的脚印。转过年，新冠疫情的暴发打乱了所有人的时间安排。我无奈推迟了完成"7+2"挑战最后一站的计划，把自己的精力重新配置到回馈社会、传递正能量的轨道上。

从2020年初到2023年初，本已决定退休的我重新"出山"，应邀担任北京威亚新材料股份有限公司董事长。这家公司的老板我很早就认识，过去帮他们提供一些企业管理方面的咨询，相当于做个顾问。但我在经历过拉夏贝尔和永辉超市等几家企业的起伏兴衰之后发现，咨询顾问或者独立董事能起到的作用毕竟有限。一家创业型企业真正要将战略规划落地，一是需要领军人物以身作则，营造与战略规划相匹配的企业文化和价值观；二是需要打造一支团结协作、执行力过硬的核心队伍。刚好在疫情肆虐的这三年里，威亚的老板希望抓住企业搬迁新建、新材料科技产业发展的机遇，把企业做大做强；我也因为无法出国继续"7+2"的行程，有了较多的时间来思考自身经验阅历的价值实现。于是一拍即合，我又"披挂上阵"了。

历经了攀登珠峰的生死磨炼、新冠疫情导致的全球性巨变，以及原来熟知的很多企业的凋亡，我对风险预判和应变能力的重要性理解得更加深刻。在技术更新加速、节能减排从紧、外部诱惑频繁、同质化竞争加剧等经营环境中,我感悟到"战略执行的定力"和"细分领先的执着"是企业存续发展"以不变应万变"的法宝。在席卷全球的新冠疫情、供应链突变、企业运营环境全新再造等诸多挑战中,我凭借多年积累的职业管理经验,实现了引领创新性企业在企业文化、运营效率、业务创新等发展基础"再造"方面的突破。针对公司新产业基地建设一期工程,在统筹规划、方案论证、预算管理、风险研判、团队能力等方面存在缺陷,导致工期大幅拖延、工程质量问题频发、工程文档缺失、投资预算失控、风险隐患诸多等问题,我吸取运营管理现状的教训,临危受命兼任总经理,亲临一线、统筹规划、传承理念,引领督导产业基地的骨干团队,在雨季施工的不利环境中,仅用不到五个月时间,就保质保量地完成了五千多平方米二期产业基地全套厂房、设备及配套工程的建设目标,同时建立了规范化的工程建设项目管理体系,为快速抓住主营业务市场的爆发机遇奠定了坚实的基础。

有一次在安徽安庆开会,我很多年没有犯过的痛风突然发作了,当时是脚肿痛得厉害,皮鞋都穿不上。那几天我穿着拖鞋,拄着拐杖出差、参加会议,同事们都说我像战场上中弹负伤仍不下火线的战士。

就这样忙到了疫情结束。2023年1月16日,春节前的最后一周,也是我在威亚新材料的"last day"(最后一天)。

公司为我举办了热烈又温馨的"职场告别仪式",我也发表了自己的"退休感言":

回首四十二年的职业路程,我历经军旅生涯、教学科研、国际贸易、产业投资、五星级度假和商务酒店管理、央企上市公司资本市场管理及全球大宗产业战略运营管理、民营医药创业企业的战略运营和资本运作、辅导三家大型企业成功上市等九大类行业领域、十几个职业角色历练,也算具有丰富多彩的人生阅历和值得回味的宝贵财富。尽管其间付出的代价巨大,但我无怨无悔。

盘点过往人生的几个节点:

古人云:三十而立,此阶段指的并非物质,而是你是否建立了"世界观、价值观、人生观"这完整的"三观"而实现精神上的独立。我曾选择离开部队安逸的环境,为闯出更广阔职业平台而直面"无退路"的挑战。

步入四十而不惑,我明白了此阶段的核心是:清晰明确自我人生目标的选择。那时我立志向拥有更大自主能力的方向积累、提升。

到了五十知天命阶段,经历了人生太多的起起落落,明白了很多事情人力难控,很多事情并不能按照我们的期望发展,顺其自然才是天命所归。这时候的我,学着不一味苛求结果，顺应"天时地利人和"三维度成功要素，尽人事，听天命，稳心态。最终收获了实至名归的职业生涯价值回报，也以登顶珠峰的经历实现了人生认知的新高度。

过去的三年，与威亚团队并肩奋斗，打造了践行"三创价值观"为核心的骨干团队、客户需求导向的规范化运营体系，这是我职业生涯最后阶段的骄傲！

……

古人云：六十而耳顺——就是什么话都能听进去，都能坦然接受，这需要足够大的心胸和宽广的知识面。自此，我将切换到人生新的频道：享受更高品质的人生，将人生历练积累的"职业技能的精度""人生阅历的广度""面对挑战的勇气""严于律己的自律"等引以为自豪的价值，以力所能及的形式向社会传播！

决定退休的时候，很多同事和朋友来问我：毛总，下一步有什么计划？

我笑了，说：我的"7+2"极限探险体验还有最后一站呢。

2023年6月3日，北京，首都机场T3航站楼。

办好了行李托运，我和来送行的女儿紧紧拥抱告别，女儿还给我拍下了一张"壮行照"。照片上的我，虽已头发花白，但仍然精神抖擞，壮志凌云。

这一年，我已经60岁了。

登上飞机，经韩国仁川转机飞往美国西雅图，我此行的目的地，是北美之巅——位于阿拉斯加、海拔6194米的麦金利峰（Mount McKinley）。

和我一同出征的，仍然是"巅峰探游"的老朋友们，这次孙斌亲自带队。抵达美国的那天晚上，我们一群人畅饮至午夜，达成共识——我们是目标一致、相互理解鼓励的"攀登命运共同体"。

短短三年过去，却似沧海桑田。

毛嘉农探险日记（节选）

2023年6月7日，卡希尔特纳基地至滑雪山，海拔2400米

凌晨5:50，天阴，下着小雪粒，风力三到四级。开始阶段是下坡，很是轻松。之后是漫长的上坡，我开始出汗口渴，又怕影响结组成员的进程，就忍着没有叫停脱衣喝水。我是第一次穿踏雪板行走，在厚雪中生怕板头上行时戳雪磕绊，又看到旻子因两板交叉被绊倒，因此一直以脚趾向上翘起姿势行走。不一会儿，两个小腿外侧肌肉就开始抽筋，加上汗水将太阳镜淋湿后看不清道路，不得已向美国向导Larry喊了停止行进。孙斌前来帮助我按压小腿抽筋部位，但效果不大，又帮我重新配置了高浓度的体动力（一种电解质和能量补充剂），还把自己的透气遮阳帽给我戴（结果孙斌自己一天暴晒被晒伤）。

为了不影响大家的行程，我强忍双腿抽筋的疼痛继续前进，但坚持不了太长时间。就这样从出发3.5公里开始，因腿抽筋导致中途休息多达七八次。为不影响大家的进程，我曾想放弃攀登了。但全队再回到大本营更不合适，中途冰裂缝多，斜坡上不能扎营，大家只能继续行进到一号营地。我此时大腿内侧也同时抽筋，只能站在原地用意念放松肌肉。最终我们在中午12点左右抵达一号营地。

我深感美国向导对我状态的担忧，同时为不影响结组伙伴的继续登顶，也做好了准备退出的预案。但孙斌和Rocker坚持为我再与美国向导沟通，争取保留机会，全队其他成员也非常支持和鼓励我。

回到营地帐篷，孙斌、Rocker、老周前来给我按摩腿，商议如何与美国向导沟通。

晚饭后，孙斌与两位美国向导沟通，说他一直陪伴我进行"7+2"登山活动，了解我的能力，这是最后的收官之战，并且今天是毛嘉农第一次使用踏雪板，没有经验且对天气把握不准，着装出了问题，导致腿抽筋。美国向导也对我能在双腿同时大面积抽筋情况下完成今天超重行程的毅力表示肯定，最终同意我继续随队攀登。

我非常感谢孙斌、Rocker 真诚不懈的努力！感谢队员们的不弃和鼓励！

2023 年 6 月 12 日，麦金利摩托车山 C3 营地，海拔 3400 米

今天是我们因天气恶劣被困的第四天。

孙斌通知大家早餐后准备出发去 C2 营地取两天前埋存的物资，尽管天空中依然风雪交加，但我们的生活物资已经消耗殆尽，不得不取。

上午 11:15 我们出发，几天风雪已将原有的登山路痕完全掩盖，Larry 用 GPS 在队前开路，我们只用了 75 分钟就到达 C2 营地。每个队员除运回自己的物资，还要均分背负共用物资。我将马桶背负，米袋和燃料油桶等公用物资由 Rocker 代劳，放进他的驮袋里。

回程负重 18 公斤，2.5 公里、400 米海拔攀升的陡坡，加上前几天肌肉抽筋和体能透支，我的呼吸频率和登山节奏完全失衡，接近我的生理承受极限。因为是结组行进，我必须强努着适应团队的节奏，结果中途因我体能不支，临时停顿七八次。

下午 17:45 我终于挪到了 C3 营地，Chad 已经明显表示出对我体能失望的表情。

我在最后攀登阶段已经做出决定：因我目前已到达

体能承受极限，为了不影响其他队员继续攀登，我决定终止此次麦金利的攀登行程。

18:30，孙斌与两位美国向导认真沟通后，回到帐篷与我和 Rocker 说了他们的讨论结果：本次登山季已经出现六起因体能不支滑坠、高原病、失温导致的登山死亡事故，加之气象条件恶劣，每个阶段的营地登山团队拥挤积压严重，后续高风险攀登路线"堵车"现象将明显增加。因明天 C3 到 C4 积攒的团队较多，路上一定拥堵。毛嘉农的体能连续出现问题，跟上结组节奏很困难，加之此段大坡度路段滑坠风险很大，向导团队同意我的决定。明天 Chad 和孙斌陪我直接下撤到大本营，天气允许的话就直接安排飞机送我回塔尔基特纳。

阿辉和老周他们闻讯来到我的帐篷，对我的决定深表惋惜！我由衷感谢队友们这些天的支持、鼓励和帮助！

我此次已实现了自己的攀登目标：

1. 以自己最大的努力体验了高难度雪山的生存极限。

2. 厘清了此次活动准备不足的问题：

A. 心肺有氧运动的负荷和持续时间、训练水平，与麦金利的登山强度差距太大。

B. 由于前八站均一次性完美实现目标，对"7+2"收官之战轻敌了。

C. 训练时的运动和呼吸节奏与美国向导带队的标准差异很大。

3. 我收获了相互理解、荣辱与共的新队友。

历经此行的难忘经历，我的心态彻底释然、平和了。我将留存的水泡贴、暖宝宝、路餐、营地靴以及防潮垫等物资，分给有需要的老周、阿辉和Rocker他们，并收拾好明天下山要携带的物品，用孙斌的卫星电话联系女儿，告知我的状况和行程计划，让家人放心。

2023年6月13日，麦金利山大本营，海拔2200米

早上，全体队员相互拥抱惜别。Larry说欢迎我明年再来。

上午11:15，我们在小雪中启程。三小时左右，抵达C1营地前期物资埋存地，挖出一部分多余装备，继续向大本营下撤。

18:30，我们几乎是一口气完成海拔落差1500米、15公里的负重下撤。

大本营景象让我们大吃一惊：机场跑道左侧，星罗棋布着几十顶帐篷，全是因恶劣天气未能继续完成攀登而等待飞机接走的各国登山者。Chad向导从麦金利国家公园管理员处获悉：5月20日到6月10日，因天气恶劣，麦金利峰没人登顶，而滑坠、失温、高原病的救险呼叫不断增加，这是近些年少有的恶劣天气攀登季。

我们排到第七架返程飞机座位。看到尼泊尔夏尔巴 8~10 人登山队，也在无功而返的撤退大军中。

组织我们登山的阿拉斯加登山学校，今年还未有成功登顶记录。

2023 年 6 月 14 日，麦金利山大本营，海拔 2200 米

释然的心情使我安睡一觉，直到临近早上 9 点，Chad 送来美式麦片早餐。

孙斌将和 Chad 返回 C3 营地。目送孙斌和 Chad 渐渐走远的背影，我由衷地赞叹他们专业、敬业的精神和强壮的体能，跟着他们探险，靠谱！

18：00，我们的飞机终于腾云驾雾，并刻意在麦金利群山间多盘旋了一大圈，像是再让我们抒发对大自然的敬畏之情。我回眸云层之上的麦金利雪峰巍峨俊俏的身影，将它定格在"7+2"极限探险收官之旅的记忆中。

飞出阿拉斯加山脉，穿越广袤的湿地森林，雨后夕阳下不时出现的圆满彩虹，好像也在为我"7+2"极限探险之旅送上如意彩带。

感谢上苍：在我花甲之年，完成了攀登七大洲最高峰、徒步抵达南北极点的"7+2"极限探险，这是永难忘却的人生巅峰体验。

感谢大自然：让我从地球的九个极点视角，领略地

球母亲的巍峨和秀美。

感谢向导团队：让我客观认知自我，挖掘潜能，突破超越。

2023年6月15日，美国阿拉斯加州安克雷奇国际机场—加拿大温哥华国际机场

温哥华的晚风和可口的晚餐，使刚刚历经十多天麦金利艰辛之旅的我一下子放松了。

翻看微信朋友圈，孙立敏同学6月19日对我的此次攀登决策的评语是："尊重生命，不逞一时之强。毛嘉农是个干大事的人，审时度势，知进退。这一次安全返回就是成功。"

"7+2"极限探险体验之旅就此收官，对于正逢花甲之年的我来说，是非常圆满了。这将是我人生阅历中值得骄傲的"浓墨重彩"的一笔，也将开启我今后健康自信的生活，不断"与时俱进"。

2023年6月25日，加拿大温哥华

收到孙斌在"2023北美麦金利"微信群里发的消息："遗憾没有登顶""明年再战"。方知由于麦金利顶峰雪崩风险严重，公园管理局决定：禁止所有冲顶活动，登山者全部下撤。

后续带队攀登的水水和宝龙他们也被迫"无功而

返"。看到老周、阿辉等人相约孙斌明年再战，我耳边立刻鸣响出营地帐篷中，当听我说出终止此次麦金利攀登的决定时，Rocker鼓励我的话："明年上半年我在家陪儿子复习高考，届时你来青岛，我带你进行针对性体能训练，一定能完成麦金利的登项目标。"

我也对自己说：毛嘉农，你自信能做到同龄人群中"逆生长"的典范，面对朋友这种正能量的激励，为什么不再拼搏一次？

麦金利，我们后会有期！

这就是我"7+2"极限探险体验的最后一站——北美之巅麦金利峰的体验历程。虽然没有登顶，心存遗憾和不甘，但我仍然觉得从"体验人生"的角度来思考，无论如何都称得上精彩和满足了。有很多人说，人生不过就是三万天的体验，有了结果是成功，没有结果是遗憾，而成功和遗憾，不都是"体验"的一部分吗？

如今我坐在北京昌平的家中，书写着这本书的尾声。按照中国传统文化观念，六十一甲子，是一次轮回，也是一次新生。回望我人生前六十年，感恩之情充溢满怀：我的亲人、爱人、友人，许许多多曾经共事甚至共患难的伙伴，乃至在我成长、历练直至成熟的过程中，给予我批评和"棒喝"的师长们，我都想由衷地表示感谢。

谢谢你们，让我成为今天的我。

也经常有人问起：毛嘉农，你完成了"7+2"极限探险体验，还有什么计划？

计划？那可多了。不如说一个已经完成的吧：2024年夏天，我在北京密云的航校刻苦学习训练，已经成功学会了驾驶小型运动飞机，拿到了"运动类飞行执照"，圆了年轻时飞天的梦想。

当我独自驾驶着飞机，像鸟儿一样翱翔在山水秀美的北京上空时，我知道头顶的天堂之上，我慈爱的父亲和母亲都在看着我，对我说：

加油啊，好好过！

附录
两封家书

毛涵影写给父亲的信

越老越潇洒的老爸：

　　我看了您的书稿，谢谢您想要送给我的这份"精神礼物"。字里行间，我都能体会到老爸的良苦用心，并且我也觉得，老爸这本书不只是写给我的，甚至不只是写给我们家人和熟悉您的亲朋好友的——这本书也许能让更多不认识您的人认识您，不理解您的人理解您，没有经历过您经历过的那些事的人，感受到您曾感受到的那些欢乐与痛苦、骄傲与懊丧。我现在非常期待这本书的正式出版，迫不及待想要和更多人一起阅读，一起感悟——当然也可以一起吐槽啦。谁让您把这辈子的"真心话"和"大冒险"都写出来了呢？既然写了出来，您就做好心理准备，接受读者（包括我在内）尖锐的审视吧！

　　虽然我是这本书未来的所有读者里，可能最了解您的人之一，书里讲述的很多故事我都知道，有的是亲眼目睹，有的早在家里听您讲过好多遍（特别是您的那些大道理，唉，我真的是从小听到大啊）。可是我要说，老爸，读了这本书，我好像才真正认识了您，或者，应该叫"重新认识"了我的父亲。

为什么这么说呢？因为我没想到，您这个连珠峰都登上去过、老在我面前塑造自己"钢铁意志"的老爸，竟然心思这么细腻，把那么多生活中的点滴小事记在心里，现在还能诉诸笔端，真让我对您有些"父别三日，刮目相看"的感觉。

比如您写小时候和爷爷奶奶一起吃了不少苦，包括爷爷当年受的那些冤屈，奶奶对爷爷和您的那些数落，还有您小时候多么调皮捣蛋……这些事吧，我虽然也听您忆苦思甜念叨过不少，但说实话，小时候的我感觉不出所谓"生活的艰难"到底是怎么回事。在我有记忆之后的成长岁月里，您和妈妈把我照顾得很好，没让我吃什么苦，这是我们这代孩子的幸运。但读了您写在书里的故事，我才有了"穿越"回到过去那个年代的真实体验，理解了您和长辈们为什么那么注重节俭、自律和正直。可能因为我现在长大了，里里外外也当家了，知道柴米贵，知道人情累，也就理解了你们这代人的很多执念和好恶。

因为理解了这些，特别是看了您讲和爷爷奶奶那一辈人的很多理念冲突，我想特别感谢您的一点——那就是您真的从来没有对我说过"我为了你好"这句话。我在看现在很多影视作品的时候，觉得有太多家长对孩子的态度，都是把自己的观念和喜恶强加给孩子，嘴上说的都是"我为了你好"，而实际上，有多少的叛逆和争吵都是随着"我为了你好"这五个字而至。反正我从小到大是没听过这句话的，感谢您和我妈，给我很高的自由度，让我可以做自己真正喜欢的事情。在这点上，我觉得你们俩可以做很多父母的表率。

当然这并不是说，您是个没怎么管过我的爸爸。其实从小到大，您对我提的要求可真不少呢。留在我童年记忆里的那个爸爸，是很威严，很有脾气、个性的讲究的男人。您和我妈提供条件让我学钢琴、网球、游泳、高尔夫……我是都学了，至于水平嘛，也就不用多说了，总之是在我这儿花费了不少钱和时间。至于我的性格嘛，实事求是，我觉得还是更像我妈多一点儿，知足常乐，随遇而安。我相信你俩对我都是一样的爱，但我妈那是宠爱，甚至是让我感受到无微不至的溺爱。老爸您呢，考虑到您对我讲过的那么多大道理，就叫"寓爱于教"吧，用说教的方式爱我，女儿在此也心领啦。

说回老爸的这本书，要从内容的理解和接受程度上来说，我肯定是更喜欢您写自己年轻时候的成长，还有后面您开始做"7+2"挑战以后，在生活理念上的很多转变，这些都是我感同身受的。尤其是您那次从珠峰下来，差点儿把命给丢了，整个人瘦的那干瘪样，当时我真的是吓哭了，那是我第一次这么真切地感受到可能失去您的恐惧，以及您做"7+2"的危险性。

您在书里写了，经历过生死考验，看待世界的眼光变了，既觉得自己很渺小，也觉得自己很坚强。看完这段我想说的是，老爸您从那以后，整个人都变温柔了许多。真的，不知道您自己有没有感觉到，以前您目光里的那股凌厉的狠劲儿不见了，我觉得"父亲慈祥的目光"这话现在用在您身上更为合适。如果再让我像小学生那样写作文，我可能会用这句话开头：我有一个慈祥的爸爸……哈哈，但我依然像之前一样，不会劝您以后不要去做登山、开飞机这些比较危险的事情，您现在有钱又有闲，想做什么就去做什么，我永远以您为荣，也相信您能做好万全的准备并享受一切挑战！

刚才也说啦，您这本书，我最感兴趣的主要是前后两大部分。中间您讲工作和管理上的经验，包括事业上取得的成就和经受的几次挫折，怎么说呢，可能是我道行尚浅，也可能是我在职场上追求的目标和您不太一样，目前我还未能"深刻理解"这些内容。反正您说是留给我们这些年轻人的"经验"，是想让我们"少踩一些坑"，我也期待着自己能够在之后的生活中再反复品读和回味时，能"心有戚戚焉"。不过现阶段老爸您也别丧气，这部分您有女婿的支持。他对您可崇拜了，也可喜欢看这类职场经验总结了。平时他就跟我说：在工作上遇到问题，能去找谁取取经呢？想来想去，还是得麻烦老丈人伸出援手。从这个意义上说，老爸您的这本书，对不同的读者能产生不一样的价值，这就叫各取所需，对吧？

好了，不能总是夸您，您该骄傲了，我也得说点儿您没想到的——就说您和我妈分开这件事吧，您看您书里表达了好多震惊、困惑和懊恼,说什么觉得自己失败啊,觉得对家人有亏欠啊。其实作为既是亲历者也是旁观者的我,说实话,我不意外,你们两个人的选择我都能理解。从我的角度来看,您和我妈都是事业挺成功的人,也都是个性要强的人,那你们俩之间的分歧和家里那种隔阂的氛围,我其实早就有觉察了。甚至你们俩不好意思对彼此说的话,都时不时跟我这儿"真情流露",我感觉我才是咱家里边"总览全局"的人呢。站在如今年轻人的立场上,我得说,你们做父母的,谁都不要勉强自己,也不要担心你们的婚姻解体会对孩子有什么影响。虽然对我来说,那时为了接受你们分开的事实是花了不少时间来调整自己,但现在看来我依然还是那个快乐、幸福的我,你们没什么需要担心的。看到你们俩分开后各自都过得很好,甚至都变成了更好的自己,我真的很开心。因为你们都对我说过,就算分开了,爸妈也永远是女儿的港湾,这个家给我的爱都没有缺席。

老爸,您说想把这人生活个"通透",如果这是您的目标,那您就继续努力,去追求实现吧。女儿只记得您说过的另一句话,就是永远做我"坚强的后盾",遇事给女儿撑腰,女儿的人生有您"托底"。有了这句话,我就觉得幸福满满,底气足足。所以老爸,您也要答应女儿一个要求,那就是必须健健康康、快快乐乐,像我奶奶嘱咐您的那样"好好过",好吗?女儿也祝爸爸随心所欲,一往无前!

噢对了,说正经的,是不是要祝您的新书大卖啊?算了,这话不该我说,应该让更多读者来评判才对。爸爸,要想当作家,您还得更加努力呀!

永远爱你的凌凌

毛嘉农写给女儿的信

越来越善解人意的凌凌:

看了你的信,爸爸忐忑的心,终于踏实了。

你可能不知道,在写这本书的时候,还有我在写完这本书的初稿,考虑要不要提前发给你看的时候,爸爸心里最没底的,或者说最担心的,就是不知道你看了这本书里讲的很多事情之后,会对爸爸产生怎样的看法。有句话讲"不是人改变了事,而是事改变了人",你能理解经历过这样的人生跌宕,你的爸爸是怎样被塑造成现在你看到的这样的吗?

我写这本书的本意,其实是对自己过往人生的一次系统反思和回味。触动我写作的缘起,就像促使我决心抛开过去习惯的某种生活,去做"7+2"极限挑战,去用自己的生命追问生命的本质一样——我在书里写了,我属于"受了刺激"的那类人,更是还没把自己这辈子活明白,才想要去"活个通透"的人。我感受过生活中一些不好的情绪,这些东西我自己憋在心里不想传递给身边的人。我想通过写作传达的,是我认为的"正能量",是我相信你和更多的年轻人,将来也可能会经历或者感受到的某种令人百感交集的人生况味。

从这个意义上说，我这本书，没有提供任何所谓"标准答案"——这也是我用来说服自己，鼓起勇气写作，并且把这本书拿出来给你看、给更多读者看的理由。过去我在职业生涯中做管理，强调"结果导向"，而像这样的公开写作、内心剖析，是我以前没有做过的事情，做这件事情的结果，我现在是不确定的。我只能说，我如实写下了自己经历过的酸甜苦辣，一边写一边思考，从这些经历中，我自己能悟出些什么人生道理。我老说人生就是要反复去做"得失代价再平衡"，写作就是一种衡量的方法，我正在多体验，慢慢悟。

你说我从没对你说过"我是为你好"这句话，这让我很高兴，因为这是我从自己成长中悟出的道理，每一代人都是在上一代人的抚养、教诲和托举中，从无知启蒙，逐渐长大成人。那么，当我为人父，我一定是无比珍视"父亲"这份沉甸甸的责任，我的初心一定是努力对孩子好——虽然不想说出口，虽然我反思总结的时候，觉得自己对你还有很多亏欠，但"我是为你好"这句话，我心里的初衷始终没变。你不要嫌烦，因为你爸我，也是有感而发，发自肺腑。

其实我也老说教，有时候我跟你急，是因为我在乎你。对孩子也好，对工作也好，对自己身边的人，我觉得都要有个认真负责的态度。凡事就怕认真，认真了才有可能做到事半功倍，不认真一定会付出更大的代价。老爸这半生，也缴过不少"学费",具体的事情,都写在书里了。你现在也许有些东西不爱看,或者看不明白,也没关系。老爸现在也学会"不急"了,不急的时候不是说"不在乎"了,而是我相信,一代人有一代人的价值取向、人生抉择,你的生活说到底还得靠你自己经营、经历。

你的信里夸了老爸很多优点,让我心里美滋滋的,老爸没白疼你。尤其让我欣慰的是,你现在也长成了老爸心目中最理想的样子:独立自主,乐观积极,平和包容,还有最最重要的一点,就是通情达理。爸爸以前经常教你要换位思考,努力理解另一个人,站在他的角度,了解他对一件事情会怎么看、怎么做,明白他的底线在哪里。其实这世界上大多数令人迷惑的事,只要换位思考,都能豁然开朗。人与人之间,都应该相互尊重,求同存异。

爸爸和妈妈分手,没能把这个家维持完整,确实是爸爸的一个心结。但我现在很高兴看到,你把这些话说开了,说开了就是通透,"通则不痛"。原来我的女儿这么懂事,果然青出于蓝而胜于蓝。在努力把人生活通透这件事上,爸爸还要向你学习,咱们一起努力吧。

说了这么多,好像又是一些你听过不少的"大道理",谁让你爸这个理工男,就是强调逻辑、爱讲道理呢。那好,讲完了道理,就讲点儿希望,或者说祝愿吧。你祝爸爸能活得随心所欲,这其实很不容易,因为"人生几多风雨",需要有很强的抗风险能力。爸爸说要给你"托底",就是希望给你提供这样一种面对一切困难挫折，还能不急不慌、沉着应对的底气。所以，爸爸希望你读了这本书，能够更加"有底"，不给人生设限，不要画地为牢，勇敢地去追逐自己梦想的生活。

　　人生最宝贵的财富，并不是现实中的物质财富，而是丰富的阅历、充盈的内心和身边无条件支持你、爱你的人。

永远爱你的老爸

后　记

这本书的写作和出版，对我自己来说，有着非同寻常的意义。

其一，人过六十，躬身反思。我对自己的过往人生经历，做了一次系统性的回顾和思考，写作既是思考的行动，亦是思考的结果。

其二，知己知彼，从头来过。过去很多年，我的拼搏奋进，多是"向外求"；而今后我知道，一个新的人生阶段展开了，或许"向内求"变得更为重要。

其三，君子立言，以身作则。我对自身经验感悟的如实记述，既想以正能量传递给家人亲友，也希望后来者能从我踩过的坑里获得启示，追求幸福的更高维度。

其余种种，尽在书中，期待读者方家指正。如能引发共鸣，即是我的喜悦。

感谢我的"写作教练"武云溥先生，他是资深的媒体人和传记作家，向我传授了很多写作的"心法"和规范。感谢中国社会科学院汪朝光研究员和中国人民公安大学李记松编审，两位专家对我的书稿给予肯定，并提出了中肯和切实的修订意见。感谢社会科学文献出版社历史学分社总编辑宋荣欣老师，她和同事们决定签下这本书并付梓，展现了强大的专业能力，也鼓励了我这样的"素人作者"勇敢表达，持续耕耘。

希望，这只是一个开始。

毛嘉农

2025 年 4 月 9 日

图书在版编目(CIP)数据

我想把这人生活个通透 / 毛嘉农著 . --北京：社会科学文献出版社，2025.8.--ISBN 978-7-5228-5728-2

Ⅰ.K825.38

中国国家版本馆 CIP 数据核字第 2025DP7957 号

我想把这人生活个通透

著　　者 / 毛嘉农

出 版 人 / 冀祥德
责任编辑 / 宋荣欣
责任印制 / 岳　阳

出　　版 / 社会科学文献出版社·历史学分社（010）59367256
　　　　　　地址：北京市北三环中路甲 29 号院华龙大厦　邮编：100029
　　　　　　网址：www.ssap.com.cn
发　　行 / 社会科学文献出版社（010）59367028
印　　装 / 三河市东方印刷有限公司

规　　格 / 开　本：880mm × 1230mm　1/32
　　　　　　印　张：10.25　插　页：0.875　字　数：188 千字
版　　次 / 2025 年 8 月第 1 版　2025 年 8 月第 1 次印刷
书　　号 / ISBN 978-7-5228-5728-2
定　　价 / 79.00 元

读者服务电话：4008918866

▲ 版权所有 翻印必究